Olga Ovechkina

Ekonomia międzynarodowa: podręcznik metod rachunkowości

AF814119

Olga Ovechkina

Ekonomia międzynarodowa: podręcznik metod rachunkowości

Wydawnictwo Bezkresy Wiedzy

Imprint
Any brand names and product names mentioned in this book are subject to trademark, brand or patent protection and are trademarks or registered trademarks of their respective holders. The use of brand names, product names, common names, trade names, product descriptions etc. even without a particular marking in this work is in no way to be construed to mean that such names may be regarded as unrestricted in respect of trademark and brand protection legislation and could thus be used by anyone.

Cover image: www.ingimage.com

Publisher:
Wydawnictwo Bezkresy Wiedzy
is a trademark of
International Book Market Service Ltd., member of OmniScriptum Publishing Group
17 Meldrum Street, Beau Bassin 71504, Mauritius

Printed at: see last page
ISBN: 978-620-2-44856-7

Copyright © Olga Ovechkina
Copyright © 2020 International Book Market Service Ltd., member of OmniScriptum Publishing Group

Ekonomia międzynarodowa: podręcznik metod rachunkowości

SPIS TREŚCI

WPROWADZENIE

Podręcznik "Ekonomia międzynarodowa" zawiera niezbędny materiał teoretyczny i metodologiczny do podsumowania i utrwalenia wiedzy w tej dyscyplinie, a także zawiera podsumowanie głównych zagadnień kursu "Ekonomia międzynarodowa".

Przeznaczony jest dla nauczycieli, słuchaczy i studentów specjalności ekonomicznych, których program kształcenia według ogólnego standardu kształcenia i standardowych programów nauczania obejmuje dyscyplinę "Ekonomia międzynarodowa".

Celem podręcznika jest pomoc w nauczaniu i poznawaniu gospodarki międzynarodowej.

Główny materiał teoretyczny jest skoncentrowany i przedstawiony w schematach strukturalnych i logicznych, co zapewnia asymilację głównych aspektów gospodarki międzynarodowej, tworzy ideę ich praktycznego wykorzystania.

Klasycy nauki światowej argumentowali, że sztuka myślenia jest umiejętnością operowania pojęciami i kategoriami, ustalania między nimi wzajemnych zależności i współzależności, kształtowania prawidłowej oceny zjawisk i procesów. Rozwiązanie tych problemów zależy w dużej mierze od tego, jak kreatywnie i celowo ten materiał zostanie wykorzystany. W tym celu podręcznik optymalnie łączy w sobie zarówno informacje teoretyczne, jak i praktyczne.

Strukturę podręcznika przedstawia wprowadzenie; sześć tematów, w pełni odpowiadających programowi nauczania i planowi tematycznemu dyscypliny; warsztat, który prezentuje testy, pytania do dyskusji i zadania, pozwalające na utrwalenie materiału teoretycznego w studium dyscypliny "Ekonomia międzynarodowa"; lista wykorzystywanych źródeł.

Jest on przeznaczony dla studentów i studentów kierunków ekonomicznych.

TEMAT 1 EKONOMIA MIĘDZYNARODOWA: STRUKTURA I TENDENCJE

"Rynek jest wyzwoleniem, przełomem.

możliwość dostępu do innego świata,

możliwość wskrzeszenia."

Ф. Brodel

1.1 Istota międzynarodowej gospodarki.
1.2 Przedmioty i przedmioty gospodarki międzynarodowej.
1.3 Ewolucja i trendy w gospodarce międzynarodowej.
1.4 Globalizacja gospodarki światowej i otwarta gospodarka.
1.5 Konkurencja jako podstawa międzynarodowego rozwoju gospodarczego.

1.1 Charakter gospodarki międzynarodowej

Gospodarka międzynarodowa jest podsystemem gospodarki światowej, której rozwój opiera się na relacjach rynkowych.

Rynek światowy to złożony system stosunków gospodarczych, politycznych, prawnych i społecznych w sferze wymiany międzynarodowej. Rynek krajowy reprezentuje rynek w skali działalności państwa (suma rynku krajowego i operacji eksportowo-importowych).

Gospodarkę światową uważa się za zbiór gospodarek narodowych, które są ze sobą powiązane w oparciu o międzynarodowy podział pracy, oraz za system relacji gospodarczych (tworzących się między podmiotami rynku światowego w związku z handlem, produkcją, inwestycjami oraz działalnością monetarno-finansową), łączących gospodarki narodowe w jedną całość w oparciu o obiektywne prawa gospodarcze [18, s. 353] (rysunek 1.1).

Rysunek 1.1 - Schemat światowego systemu

Źródło: projekt autorski.

Międzynarodowe Stosunki Gospodarcze (IEC) to uporządkowana, dynamiczna *sieć interakcji i komunikacji* na rynku międzynarodowym. Formy MES to międzynarodowe stowarzyszenia i organizacje; handel zagraniczny; współpraca naukowa i techniczna; współpraca w sektorze bankowym; turystyka; wolne strefy ekonomiczne (FEZ); zapewnienie bezpieczeństwa środowiska.

Międzynarodowe stosunki gospodarcze (IEE) - system stosunków gospodarczych między krajami. Formy IEA to handel międzynarodowy (całość relacji towarowo-pieniężnych państw); usługi transportowe; migracje zarobkowe; międzynarodowe operacje walutowe i kredytowe; rozliczenia międzynarodowe; wspólne programy naukowo-produkcyjne i współpraca produkcyjna; wspólny rozwój zasobów naturalnych.

Zagraniczna działalność gospodarcza (FEA) - sfera przedsiębiorczości związana z produkcją międzynarodową, współpracą naukową i techniczną, eksportem-importem, wyjściem przedsiębiorstw (firm) na rynek zagraniczny. Formą zagranicznej działalności gospodarczej są inwestycje; leasing; wspólne przedsiębiorstwa; przedsiębiorstwa zagraniczne; eksport (import) kapitału.

Na poziomie mikro tworzone i rozwijane są międzynarodowe relacje gospodarcze pomiędzy poszczególnymi obywatelami, przedsiębiorcami, firmami, państwami (jako odrębnymi jednostkami gospodarczymi) prowadzącymi zagraniczną działalność gospodarczą.

Na poziomie makro kształtują się i rozwijają międzynarodowe stosunki gospodarcze pomiędzy gospodarkami narodowymi, stowarzyszeniami integracyjnymi, instytucjami ponadnarodowymi, organizacjami międzynarodowymi; opierają się one na prawach funkcjonowania gospodarki światowej (przewidują relacje monetarne i kredytowe w stosunkach gospodarczych, wpływ na równowagę makroekonomiczną gospodarek narodowych ich bilansu płatniczego).

Gospodarka międzynarodowa jest systemem relacji i interakcji podmiotów gospodarczych różnych krajów w procesie produkcji, dystrybucji, wymiany i konsumpcji towarów i usług.

Wyróżnia się następujące systemy strukturalne gospodarki międzynarodowej: gospodarczy, polityczny i prawny, naukowy i technologiczny, społeczno-kulturalny (społeczno-demograficzny), przyrodniczy i geograficzny. Dynamika zmian czynników strukturalnych (każdy z nich lub ich kombinacja) determinuje rozwój gospodarki międzynarodowej. Ważne jest określenie (analiza) charakteru wpływu czynników strukturalnych (czasowych lub stałych, cyklicznych lub niecyklicznych, stymulujących lub hamujących rozwój, systemowych lub epizodycznych), aby przewidzieć działania w międzynarodowym środowisku rynkowym.

Infrastruktura gospodarki międzynarodowej jako system zapewniający jej funkcjonowanie składa się z elementów organizacyjnych, prawnych i ekonomicznych:

- ramy prawne;
- kredyt, bankowość, podatki, ubezpieczenia, systemy celne;
- giełdy: towarowe, magazynowe, walutowe, pracownicze;
- transport i komunikacja.

Międzynarodowa produkcja jest ciągle odnawiającym się i rozszerzającym się procesem tworzenia korzyści w celu zaspokojenia rosnących potrzeb. *Struktura sektorowa* gospodarki światowej jest tworzona przez agregat:

- *przemysł pierwotny* produkujący surowce pierwotne, tj. rolnictwo i przemysł wydobywczy (zasoby naturalne pozostają podstawą produkcji przemysłowej, natomiast rośnie znaczenie zaawansowanych badań geologicznych i wprowadzania nowych technologii wydobycia, wzbogacania i przetwarzania surowców);
- *przemysły wtórne* wykorzystujące surowce pierwotne, tj. przemysł przetwórczy, energetyka, budownictwo (kluczowe gałęzie produkcji przemysłowej: przemysł mechaniczny, chemiczny i biochemiczny, energetyka elektryczna);
- *Sektor szkolnictwa wyższego, który* ma stałą tendencję wzrostową i obejmuje edukację, opiekę zdrowotną, kulturę, naukę, transport, komunikację, handel, usługi (finansowe, ubezpieczeniowe, biznesowe i inne).

1.2 Przedmioty i podmioty gospodarki międzynarodowej

Przedmiotem międzynarodowej gospodarki są:

- towary i usługi (charakteryzujące się dużym wolumenem wymiany, szerokością i głębokością asortymentu, zróżnicowaniem);

– Czynniki produkcji (charakteryzujące się aktywnymi przepływami kapitału w różnych formach i inwestycjami, międzynarodowym wykorzystaniem zasobów finansowych i kredytowych; aktywną międzynarodową migracją siły roboczej oraz wymianą własności intelektualnej);

– informacja (charakteryzująca się rozszerzeniem przestrzeni informacyjnej, rosnącym znaczeniem informacji naukowej, technicznej i technologicznej).

Międzynarodowe podmioty gospodarcze to podmioty gospodarcze, które posiadają określone międzynarodowe prawa i obowiązki i które działają w międzynarodowej przestrzeni gospodarczej. Podmioty gospodarki międzynarodowej dzielą się na rezydentów kraju (podmioty gospodarcze, które realizują swoje interesy gospodarcze i działalność gospodarczą zgodnie z przepisami obowiązującymi w kraju) i nierezydentów (podmioty gospodarcze, które realizują swoje interesy gospodarcze poza krajem rejestracji działalności gospodarczej i obywatelstwa).

Przedmiotem międzynarodowej gospodarki są:

– firmy prywatne, przedsiębiorstwa, indywidualni przedsiębiorcy (tj. odizolowane ekonomicznie i geograficznie, samodzielne podmioty gospodarcze);

– Państwa i struktury państwowe (centralne (ministerstwa, departamenty), regionalne, miejskie, zamówienia celowe, uprawnienia do przeprowadzania określonych operacji, zagwarantowanie operacji eksportowo-importowych), przedsiębiorstwa i organizacje państwowe, systemy społeczno-gospodarcze zarządzane z jednego ośrodka;

– wielonarodowe korporacje i wielonarodowe sojusze;

– struktury i stowarzyszenia integracyjne (np. NAFTA, UE, APEC, CIS);

– organizacje międzynarodowe (np. ONZ, WTO, MFW, IBRD, ILO, WHO, OPEC).

Strukturyzacja międzynarodowych podmiotów gospodarczych według ich charakterystyki społeczno-gospodarczej oznacza identyfikację różnych grup państw tworzących wspólnotę światową: nie tylko poszczególnych państw, ale także grup międzynarodowych, stowarzyszeń integracyjnych, organizacji międzynarodowych.

W dwudziestym wieku kraje były klasyfikowane według następujących kryteriów:

– w zakresie zależności ekonomicznej i politycznej: kolonialnej (metropolie), kolonialnej, zależnej;

– przez systemy polityczne: socjalistyczny, kapitalistyczny, rozwijający się;

– poprzez przynależność do "pierwszego" (uprzemysłowionych i wysokodochodowych producentów ropy naftowej), "drugiego" (ze scentralizowanym systemem gospodarczym i średnim dochodem) oraz "trzeciego" świata (zacofany gospodarczo z niskim dochodem).

Od lat dziewięćdziesiątych, zgodnie z podejściem Rady Gospodarczej i Społecznej ONZ (ECOSOC), wszystkie kraje świata podzielone są na trzy główne grupy:

– rozwinięte gospodarki rynkowe (24 zakłady, w tym 7G USA, Japonia, Niemcy, Wielka Brytania, Francja, Włochy, Kanada);
– Kraje o gospodarkach przejściowych (kraje byłego obozu socjalistycznego i upadłego ZSRR);
– krajów rozwijających się (wśród których wyróżnia się grupa "krajów nowo uprzemysłowionych" (NIC): Argentyna, Brazylia, Chile, Chiny, Meksyk, Singapur, Korea Południowa, Tajwan, Turcja oraz grupa "krajów najsłabiej rozwiniętych" (50), reprezentujących głównie kontynent afrykański) [15].

Ponadto Bank Światowy i Program Narodów Zjednoczonych ds. Rozwoju (UNDP) stosują obecnie średnie dochody jako główne kryteria klasyfikacji krajów:

– Kraje o niskich dochodach - poniżej 785 USD PNB per capita (np. Afganistan, Albania, Kambodża, Czad, Indonezja, Mozambik, Nigeria);
– Kraje o niższym średnim dochodzie - 785-3125 USD PNB per capita (np. Algieria, Białoruś, Boliwia, Chiny, Egipt, Iran, Rosja);
– kraje o średnio-wysokich dochodach - 3126-9655 USD PNB per capita (np. Argentyna, Brazylia, Czechy, Estonia, Węgry, Polska, Turcja);
– kraje o wysokim dochodzie - ponad 9655 USD PNB per capita (np. Australia, Belgia, Kanada, Francja, Niemcy, Włochy, Japonia, Norwegia, Hiszpania, Szwecja, Szwajcaria, Wielka Brytania) [33].

Największym zainteresowaniem cieszy się typologia państw według poziomu rozwoju społeczno-gospodarczego. Najważniejszymi wskaźnikami wpływającymi na ocenę jakości życia są: poziom dochodów (PKB) na mieszkańca, średnia produkcja żywności i towarów przemysłowych na mieszkańca, zapewnienie wygodnych warunków mieszkaniowych i usług transportowych, jakość opieki zdrowotnej, długość życia, edukacja, bezrobocie, stabilność i bezpieczeństwo polityczne, poszanowanie swobód obywatelskich i inne. Według tych kryteriów, w praktyce istnieją dwa rodzaje państw: kraje rozwinięte (Kanada, kraje Europy Zachodniej, Izrael, Japonia, Nowa Zelandia, kraje nowo uprzemysłowione (NIC) i Stany Zjednoczone) oraz rozwijające się (ponad 130: kraje o gospodarkach przejściowych (transformacyjnych), większość krajów Azji, Afryki, Ameryki Łacińskiej) [16].

Umiędzynarodowienie życia gospodarczego w skali mikro obiektywnie determinuje rozwój międzynarodowych (wielonarodowych) korporacji - stowarzyszeń gospodarczych składających się ze spółki matki i oddziałów zagranicznych, które są aktywowane jako podmioty gospodarki międzynarodowej (np. General Electric (USA), Shell Group (UK), Vodafone Group Plc (UK), BP PLC (UK), Toyota Motor Corporation (Japonia), ExxonMobil Corporatoin (USA))).

Międzynarodowe stosunki gospodarcze opierają się obecnie na koncepcji trójpolarnego świata. Trzonem każdego bieguna jest umowa o partnerstwie:

1. Północnoamerykańskie Stowarzyszenie "Freedom of Trade" (NAFTA, 1994, TAFTA (Free Trade Area of both Americas) od 2005 roku) jednoczy USA, Kanadę, Meksyk i kraje Ameryki Południowej.

2. Unia Europejska (UE, 1993) zrzesza kraje Europy Zachodniej, Środkowej i Wschodniej.

3. Umowa o wolnym handlu na Pacyfiku (APEC, 1989, Wspólnota Gospodarcza Azji i Pacyfiku) łączy Stany Zjednoczone, Japonię, Chiny, NIC, Australię, N. Zelandię i Pacyfik.

Największe stowarzyszenia regionalne odpowiadają obecnie za 80% światowego PKB, 82% wszystkich budżetów państwowych na świecie i 85% światowego eksportu [29]. Od 2010 roku wiodącą rolę w strukturze światowego produktu brutto odgrywają trzy ośrodki: Europa (19,8%), USA (19,7%), Chiny (13,5%) (rys. 1.2).

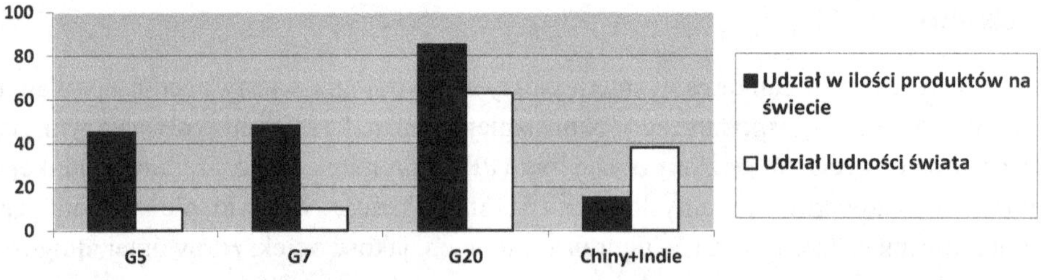

Rysunek 1.2 - Udział państw wiodących w światowej produkcji towarów.

Źródło: [15, str.6].

Tworzenie i rozwój silnych koalicji regionalnych pozwala na zwielokrotnienie wysiłków i skuteczną ochronę interesów korporacyjnych na rynku światowym.

1.3 Ewolucja i tendencje w gospodarce międzynarodowej

Ewolucja (rozwój) jest z góry określona przez związki przyczynowo-skutkowe. *Podstawą ewolucji gospodarki międzynarodowej jest rosnący poziom międzynarodowego podziału pracy i umiędzynarodowienia życia gospodarczego.*

Gospodarka światowa rozwijała się głównie pod koniec XIX wieku (do tego czasu prawie wszystkie kraje i terytoria dołączyły do wymiany międzynarodowej) i przeszła szereg etapów rozwoju:

XV-XVIII wiek. - Rezultatem przedindustrialnej fazy produkcji i otwarcia geograficznego była regularna wymiana między państwami, wraz z tworzeniem się klasy kupców zaczęto rozwijać handel międzynarodowy.

XIX wiek - w wyniku rozwoju stosunków rynkowych i wielkiej produkcji maszynowej, handel zagraniczny stał się integralną częścią gospodarek narodowych, powstał rynek światowy.

Koniec XIX wieku - pierwsza połowa XX wieku. - ustanowienie światowego systemu gospodarczego charakteryzującego się niestabilnymi powiązaniami gospodarczymi, zjawiskami kryzysowymi w gospodarce i polityce.

Druga połowa XX wieku. (do lat 80.) - w wyniku pojawienia się walut światowych, kształtowania się i rozwoju międzynarodowego politycznego i ekonomicznego systemu instytucjonalnego, powstania dwubiegunowej światowej przestrzeni gospodarczej (z systemem nakazowo-administracyjnym i rynkowym), upadku systemu kolonialnego, pogłębia się umiędzynarodowienie i tworzenie infrastruktury światowego systemu gospodarczego.

Lata 80. XX wieku. - obecny okres - w wyniku załamania się socjalistycznego systemu gospodarczego, przejścia większości państw do systemu rynkowego i załamania się systemu monetarnego Bretton Woods, integracja i globalizacja światowych stosunków gospodarczych następuje wraz z monopolizacją wiodących sektorów światowej gospodarki przez korporacje transnarodowe, informatyzacja procesów produkcyjnych i pozaprodukcyjnych spowodowała przejście do postindustrialnej ("nowej", innowacyjnej) gospodarki opartej na technologiach informatycznych.

Tendencje rozwoju gospodarki międzynarodowej to globalizacja i demasyfikacja (lub indywidualizacja) rynku, rozszerzanie przestrzeni informacyjnej i przechodzenie rynku do cyberprzestrzeni, nasilanie się konkurencji i obsługa gospodarek.

Określić główne czynniki, które decydują o rozwoju gospodarki międzynarodowej, a mianowicie:

1. *Produkcja, nauka i technologia*, które wpływają na sposób produkcji i gwałtowny wzrost skali produkcji, zapewniają szybszą wymianę, prowadzą do obniżenia kosztów przetwarzania, przechowywania i wykorzystywania informacji.
2. *Organizacyjne,* obejmujące międzynarodowe formy działalności produkcyjnej i gospodarczej oraz przekształcanie przedsiębiorstw wielonarodowych i organizacji międzynarodowych w główne podmioty operacyjne.
3. *Ekonomicznych,* opartych na liberalizacji procesów gospodarczych, wprowadzeniu jednolitych standardów i wymagań technologicznych, jednolitych kryteriów oceny.
4. *Informacja*, przy założeniu radykalnej zmiany środków komunikacji biznesowej i systemów zarządzania.
5. *Polityczne,* obejmujące kształtowanie nowego sposobu myślenia.
6. *Społeczno-kulturowe*, przyczyniające się do kształtowania się jednomyślności w ocenie gospodarki rynkowej i systemu wolnego handlu.

Ogólnie rzecz biorąc, w gospodarce międzynarodowej istnieją dziś dwa przeciwstawne wektory, które generują sprzeczności: z jednej strony - pragnienie zapewnienia trwałości procesów gospodarczych całej społeczności światowej; z drugiej - obrona przez każdy kraj jego interesów narodowych.

1.4 Globalizacja gospodarki światowej i gospodarki otwartej

Globalizacja jest procesem kształtowania się zintegrowanej gospodarki światowej, głębokiej współzależności gospodarek narodowych w wyniku intensyfikacji międzynarodowego podziału i współpracy pracy, szerokiej transnacjonalizacji, aktywnej integracji i liberalizacji gospodarek.

Koniec XX wieku charakteryzował się przejściem większości gospodarek z systemów zamkniętych do systemu otwartego, nastawionego na relacje z rynkiem światowym.

Gospodarka otwarta to gospodarka zintegrowana ze światową przestrzenią gospodarczą, realizująca korzyści płynące z międzynarodowego podziału pracy, aktywnie wykorzystująca różne formy światowych stosunków gospodarczych.

Wyróżnia się formy interakcji w światowej przestrzeni gospodarczej:

– *dużą otwartą gospodarkę*, która ma znaczący wpływ na gospodarkę światową;

– *Mała, otwarta gospodarka, która nie wpływa na* ogólny przebieg światowych procesów gospodarczych, dostosowuje się (dostosowuje) do tendencji rozwoju światowych stosunków gospodarczych, jest w dużym stopniu uzależniona od negatywnych procesów (przede wszystkim zjawisk kryzysowych) światowego rynku.

Uwzględnia się wskaźniki otwartości gospodarki narodowej:

– kontyngenty wywozowe i przywozowe (wartość rocznego wywozu (przywozu) w produkcie krajowym brutto):

$$E_q = \frac{E}{GDP} \times 100\% \, ; I_q = \frac{I}{GDP} \times 100\% \, ;$$

– Eksport netto (różnica wartości pomiędzy rocznym eksportem a importem):

$$E_{NET} = E - I$$

– kontyngent w handlu zagranicznym (wartość rocznego wolumenu handlu zagranicznego w produkcie krajowym brutto, lub (według niektórych obliczeń) stosunek połowy sumy eksportu i importu ((E+I): 2) do PKB lub PNB pomnożonej przez 100%):

$$External\ (Foreign) Trade\ Quota = \frac{E+I}{GDP} \times 100\% = \frac{\frac{E+I}{2}}{GDP} \times 100\% \, ;$$

Na stopień otwarcia gospodarki mają wpływ następujące czynniki:

– poziom rozwoju gospodarczego kraju, który jest zwykle mierzony wartością krajowego dochodu narodowego na mieszkańca;

– stopień rozwoju struktury produktu publicznego (zróżnicowanie, wartość dodana);

– Dostępność zasobów produkcyjnych w kraju, które są niezbędne dla rozwoju realnego sektora gospodarki;

– zdolności produkcyjne rynku krajowego.

Przejście gospodarki narodowej do pewnego rodzaju otwartości przynosi *korzyści*:

- w pogłębianiu specjalizacji i współpracy międzynarodowej, co prowadzi do zwiększenia produktywności;
- w wykorzystaniu nowoczesnej technologii;
- w zwiększaniu konkurencyjności producentów krajowych;
- aby poprawić dobrobyt ludności kraju.

Kierunki rozwoju otwartej gospodarki wyznaczają trendy w międzynarodowym systemie gospodarczym, a obroty w handlu zagranicznym (suma eksportu i importu) osiągają taki poziom, gdy zaczyna on stymulować ogólny rozwój gospodarczy gospodarki narodowej.

1.5 Cechy konkurencji na rynkach międzynarodowych

Konkurencja **- rywalizacja**, proces rywalizacji o wyższość (przewagę), zewnętrzna zachęta do dążenia do przewagi. ***Konkurencyjność*** - zdolność do bycia lepszym; preferencja określona przez zestaw właściwości. Jako kategoria ekonomiczna, konkurencja wyraża formę współdziałania podmiotów rynkowych, konkurencję ekonomiczną między producentami produktów w celu uzyskania korzystniejszych warunków produkcji i sprzedaży lub konsumentów w celu uzyskania bardziej akceptowalnych możliwości uzyskania i skonsumowania korzyści.

Pojęcie konkurencji jest pojemne w treści:

Filozoficzna treść konkurencji wyraża się w kierunku i charakterze rozwoju społecznego, będącego siłą napędową rozwoju społecznego.

Ekonomiczna treść konkurencji wyraża się w celowości i efektywności wydatków producenta i konsumenta na produkt (tj. optymalnej kombinacji wydatków podmiotów wymiany w realizacji ich celów).

Społeczna i etyczna zawartość konkurencji wyraża się w jakości życia społeczeństwa i stopniu przydatności produktów (tj. bezpieczeństwie, komforcie).

Treść psychologiczna konkurencji wyrażana jest w zakresie, w jakim potrzeby są zaspokajane (tzn. zgodnie z oczekiwaniami co do prawidłowego wyniku).

Pozycja konkurencyjna krajów lub firm na rynkach zmienia się i determinuje *strategie konkurencji, czyli rywalizacji o przewagę* (tabela 1.1 - Konkurencja na rynkach międzynarodowych).

Tabela 1.1 - Konkurencja na rynkach międzynarodowych

Pozycje konkurencyjne	**Kraje**	**Strategie konkurencyjne wrestle**
"Liderzy" (30% światowego eksportu-importu)	USA, Niemcy, Japonia, Chiny	"Chroń swoją pozycję" (zachowanie przywództwa)
"Leadership Followers" ("Kandydaci na przywództwo") (20% lub więcej światowego eksportu-importu)	Kanada, Francja, Włochy, Niderlandy, Zjednoczone Królestwo	"Atak ."
"Konkurencyjny" ("Challengers") (10 % lub więcej światowego eksportu-importu)	Kraje nowo uprzemysłowione (NIC) Od lat 70-tych - Brazylia, Hong Kong, Y. Korea, Meksyk, Singapur, Tajwan. Od lat 80. - Indie, Indonezja, Makau, Malezja, Pakistan, Filipiny, Tajlandia.	"Wsparcie dla przywódców" lub "zwolenników"
"Podmioty zewnętrzne" (mniej niż 10 % światowego eksportu i importu)	Kraje Europy Wschodniej i Bliskiego Wschodu	"Trzymanie niszy."

Źródło [26].

Wybór, kombinacje i modyfikacje strategii konkurencyjnych zależą od warunków i przyczyniają się do osiągnięcia trwałości podmiotu gospodarczego na rynkach międzynarodowych. W zależności od celów i możliwości określa się *strategię zachowań konkurencyjnych* (rysunek 1.3).

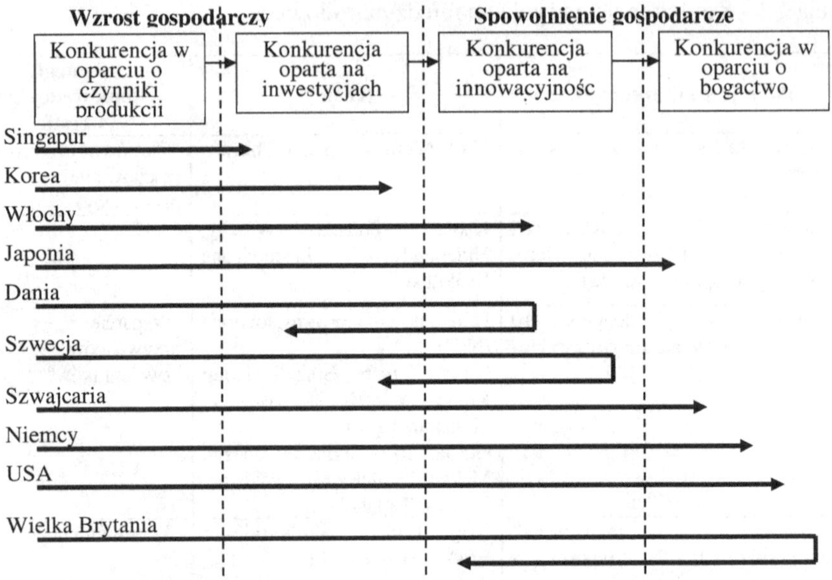

Rysunek 1.3 - Etapy rozwoju konkurencyjności [wg M. Portera].

Źródło: [26]

Kraje i firmy mają tendencję do stosowania następujących strategii:

- tworzenie "nowości" (produkty, usługi, technologie, metody sprzedaży, reklama, serwis itp.);
- kopiowanie w jak najkrótszym czasie przy minimalnych kosztach lub kupowanie wyników tych firm, które tworzą "nowości";
- Utrzymanie osiągniętych pozycji w maksymalnym czasie przy jednoczesnej poprawie jakości i poszerzeniu gamy produktów.

Konkurencja w gospodarce międzynarodowej może być postrzegana jako konflikt pomiędzy firmami (korporacjami, krajami) działającymi w tym samym obszarze działalności lub jako współpraca pomiędzy partnerami, dostawcami i klientami, producentami i konsumentami. Oba te stwierdzenia mają prawo istnieć, ponieważ gospodarka międzynarodowa jest połączeniem tradycyjnych problemów i nowych sytuacji. Aby zidentyfikować przewagi konkurencyjne, konieczna jest analiza systemu interakcji w gospodarce międzynarodowej, czyli "sieci powiązań".

TEMAT 2 MIĘDZYNARODOWY PODZIAŁ PRACY I CZYNNIKÓW PRODUKCJI JAKO PODSTAWA UMIĘDZYNARODOWIENIA GOSPODARKI

"Główną zaletą kapitału nie jest to.

żeby zarobić więcej pieniędzy, a to jest

by zarobić pieniądze na lepsze życie."

Г. Ford

2.1 Międzynarodowy podział pracy: istota i znaczenie.
2.2 Międzynarodowy podział czynników produkcji. Absolutne i względne zalety.
2.3 Formy międzynarodowego podziału pracy.
2.4 Międzynarodowa migracja kapitału.
2.5 Międzynarodowa migracja zarobkowa.

2.1 Międzynarodowy podział pracy: istota i znaczenie

Podstawą do stworzenia międzynarodowego systemu zarządzania jest międzynarodowy podział pracy i czynników produkcji.

Międzynarodowy podział pracy (ILC) oznacza koncentrację produkcji (lub etapów produkcji) danego produktu (towarów, usług) w poszczególnych krajach na potrzeby jego późniejszej wzajemnej wymiany i stanowi najwyższy etap rozwoju społecznego i terytorialnego podziału pracy między krajami.

Głównymi motywami rozwoju i pogłębiania międzynarodowego podziału pracy są motywy ekonomiczne (korzyści ekonomiczne gospodarek narodowych z powstania i istnienia światowego systemu gospodarczego) i ludzkie (unia gospodarcza państw prowadzi do współpracy politycznej, na podstawie której rozwiązywane są problemy globalne).

Udział kraju w międzynarodowym podziale pracy wynika z wielu czynników krajowych i międzynarodowych.

Czynniki narodowe obejmują *naturalne i geograficzne różnice pomiędzy krajami* (położenie geograficzne, warunki naturalne i klimatyczne, zasoby naturalne, wielkość terytorium, liczba ludności, położenie ekonomiczne i geograficzne) oraz *cechy społeczno-gospodarcze* (specyfika rozwoju historycznego i historycznie ugruntowane tradycje zagranicznych stosunków i relacji gospodarczych, rodzaj systemu gospodarczego, pozycja w gospodarce światowej, struktura sektorowa gospodarki, poziom rozwoju naukowego i technicznego, rozwój ram regulacyjnych

Czynniki międzynarodowe obejmują warunki panujące na rynku światowym, poziom światowego rozwoju naukowego i technicznego, system rozliczeń międzynarodowych oraz problemy środowiskowe.

Główne znaczenie międzynarodowego podziału pracy polega na tym, że prowadzi on do umiędzynarodowienia gospodarki:

- aby w procesie rozmnażania wykraczać poza krajowe gospodarstwa rolne;
- kształtowanie odpowiednich proporcji międzynarodowych w aspektach sektorowych i terytorialnych/krajowych;
- tworzenie zrównoważonych interakcji przemysłowych i gospodarczych między krajami.

Międzynarodowy podział pracy rozwija się dynamicznie wraz z rozwojem sił produkcyjnych, co znajduje odzwierciedlenie w procesach międzynarodowej współpracy i interakcji, stymuluje rozwój społeczeństwa, gospodarki, nauki i kultury.

2.2 Międzynarodowy podział czynników produkcji. Absolutne i względne korzyści

Istotnym warunkiem rozwoju międzynarodowego podziału pracy jest międzynarodowy podział czynników produkcji. ***Międzynarodowy podział czynników produkcji*** oznacza różne wyposażenie krajów w zasoby potrzebne do produkcji towarów i usług, z których główne to *ziemia, kapitał, praca i przedsiębiorczość.*

Państwa mają różne terytoria, różny stopień wyposażenia w zasoby naturalne, które zapewnia ziemia; różny poziom wyposażenia w kapitał w formie produkcyjnej, towarowej i pieniężnej; różną liczbę i kwalifikacje siły roboczej; różne poziomy rozwoju nauki i technologii; oraz różną ilość informacji naukowych i technicznych.

Specyfika światowych stosunków gospodarczych polega na dążeniu każdego kraju do optymalizacji stosunków handlowych z innymi krajami oraz do realizacji jego obiektywnych korzyści: bezwzględnych *i/lub względnych.*

Absolutnymi atutami są unikalne zasoby naturalne i klimatyczne, surowcowe i pracownicze, które kraj posiada ze względu na uwarunkowania historyczne, które z góry wyznaczają kierunek "specjalizacji przyrodniczej" w systemie międzynarodowego podziału pracy (A. Smith, "Studia nad naturą i przyczynami bogactwa ludów", 1776) [30].

Przewagi względne (komparatywne) to przewagi wynikające nie z wyjątkowości warunków produkcji w danym kraju, lecz z porównania wartości alternatywnych kosztów wytwarzania jednorodnej (podobnej) produkcji w różnych krajach, które z góry określają możliwości specjalizacji i konkurencji na podstawie przewag komparatywnych (np. możliwe jest wytworzenie 5 jednostek wyrobów A i 15 jednostek wyrobów B ⇒koszt 1 jednostki wyrobów A jest równy kosztowi 3 jednostek wyrobów B⇒). Względne korzyści powinny być celowo kształtowane i rozwijane, co jest podstawową zasadą międzynarodowej specjalizacji i handlu obustronnie korzystnego (D. Ricardo "The beginning of political economy and tax assessment", 1817) [28].

Zgodnie z teorią handlu międzynarodowego szwedzkich ekonomistów E. Hexhera i B. Olina, kraje eksportują te dobra, które głównie wykorzystują czynnik nadwyżki produkcji: pracę, ziemię, kapitał, ⇒niektóre dobra są pracochłonne, inne kapitałochłonne (E. Hexher "The Impact of Foreign Trade on Income Distribution", 1919; B. Olin "Interregional and International Trade", 1933).

W latach 80. XX wieku wielu ekonomistów (P. Krugman, K. Lancaster) przedstawiło wyjaśnienie rozwoju rynku międzynarodowego w oparciu o efekt skali i produkcji masowej: specjalizacja pozwala na zwiększenie wielkości produkcji i redukcję kosztów, a handel międzynarodowy tworzy większy rynek niż jakikolwiek inny kraj [22].

Obecnie popularna jest teoria luki technologicznej, której istota sprowadza się do wiodącej roli innowacji technicznych, pozwalających na wytwarzanie konkurencyjnych towarów po niższych kosztach. W tym kontekście coraz większego znaczenia nabiera *zasób przedsiębiorczości, tj.* zdolność do organizowania interakcji w najbardziej efektywny sposób i jak najefektywniejszego wykorzystania takich zasobów gospodarczych, jak praca, ziemia i kapitał; a mianowicie wiedza: jej fundamentalność, ukierunkowanie na praktykę i element innowacyjny.

Regularność nierównomiernego rozkładu zasobów naturalnych i rezerw najważniejszych zasobów naturalnych (ląd, dno oceanu, szelf) wynika z obiektywnych czynników geologicznych i nie może ulec zasadniczej zmianie nawet przy wielokrotnym wzroście badań geologicznych. Fakt ten warunkuje międzynarodową współpracę gospodarczą w zakresie wydobycia i przetwarzania surowców mineralnych, która odbywa się za pośrednictwem mechanizmów rynkowych. Dlatego też handel międzynarodowy i interakcje gospodarcze są obiektywnie konieczne dla osiągnięcia światowej stabilności gospodarczej i przetrwania ludzkości.

2.3 Formy międzynarodowego podziału pracy

Międzynarodowy podział pracy (ITD) przejawia się w dwóch głównych formach: *międzynarodowej specjalizacji i międzynarodowej współpracy produkcyjnej.*

Międzynarodowa specjalizacja produkcyjna jest formą podziału pracy pomiędzy krajami, w których gospodarki krajowe wytwarzają pewne produkty (towary, usługi) poza własnymi potrzebami krajowymi.

Międzynarodowa specjalizacja produkcyjna rozwija się w dwóch kierunkach - *przemysłowym i terytorialnym.*

Towar specjalistyczny w skali międzynarodowej to taki, który jest przedmiotem dwustronnych lub wielostronnych umów o specjalizacji i współpracy lub jest produkowany w jednym lub kilku krajach i zaspokaja potrzeby rynku światowego.

Obszar produkcyjny specjalizacji międzynarodowej obejmuje *specjalizację międzysektorową i wewnątrzgałęziową* (Rysunek 2.1 - Rodzaje specjalizacji produkcji międzynarodowej).

Specjalizacja międzybranżowa	**Specjalizacja wewnątrzprzemysłowa**:
- specjalizacja krajów w różnych (wyspecjalizowanych międzynarodowo) branżach przemysłu	• Temat (w oparciu o produkcję wszystkich komponentów, etapów i produktu końcowego na terenie kraju); • subtelny (oparty na produkcji poszczególnych części, części, komponentów); • technologiczny (oparty na określonym etapie lub etapie produkcji).

Rysunek 2.1 - Rodzaje międzynarodowej specjalizacji produkcyjnej

Międzynarodowa współpraca produkcyjna jest formą podziału pracy opartą na dobrowolnej wspólnej działalności gospodarczej (współpracy) prawnie i ekonomicznie niezależnych partnerów biznesowych z dwóch lub więcej państw w zakresie tworzenia (wytwarzania), obrotu, promocji, realizacji i obsługi produktu (towarów, usług) na podstawie zawartej między nimi umowy.

Rodzaje międzynarodowej współpracy produkcyjnej to:

– Na przedmiocie: towarowy i przemysłowo-technologiczny (wytworzenie produktu końcowego, wymiana licencji, opracowanie dokumentacji projektowej, wymiana procesów technologicznych, certyfikacja i standaryzacja, unifikacja);

– według znaku strukturalnego i przemysłowego, tj. według rodzaju działalności i specjalizacji (wewnątrzgałęziowa: przemysłowa, rolnicza, handlowa, naukowa, usługowa, międzybranżowa);

– na podstawie terytorialnej (międzypaństwowej, regionalnej, międzykontynentalnej).

Główne *warunki międzynarodowej współpracy* produkcyjnej są następujące:

– partnerami biznesowymi są prawnie niezależne podmioty z różnych krajów;

– Podstawą prawną współpracy jest umowa;

– Partnerstwo pomiędzy stronami charakteryzuje się trwałością, regularnością i długoterminową trwałością.

Międzynarodowy podział pracy ma kilka *zalet*:

– stymuluje i promuje zrównoważony rozwój gospodarek krajowych;

– zwiększa zaspokojenie potrzeb;

– stwarza możliwości poprawy jakości towarów (usług) i technicznego poziomu produkcji;

– przyczynia się do rozwoju nowych gałęzi przemysłu, tworzenia miejsc pracy i pojawiania się nowych towarów (usług);

– rewitalizuje i rozszerza rynki.

Ogólnie rzecz biorąc, współpraca, wyrażająca się w międzynarodowym podziale pracy i czynników produkcji oraz aktywnej wymianie towarowej, stymuluje rozwój społeczeństwa.

2.4 Międzynarodowa migracja kapitału

Główną cechą charakterystyczną okresu rozwoju przemysłowego społeczeństwa jest walka pomiędzy krajami o rynki i strefy wpływów, podczas której główną formą międzynarodowych stosunków gospodarczych jest międzynarodowy przepływ kapitału. Do połowy XX wieku kapitał migrował z krajów uprzemysłowionych do mniej rozwiniętych, a jego przepływy były ograniczone. Pod koniec XX wieku wiele krajów stało się zarówno eksporterami, jak i importerami kapitału.

Międzynarodowa Migracja Kapitałowa (International Capital Migration - ICM) - proces wzajemnego przepływu kapitału pomiędzy krajami (niezależnie od poziomu rozwoju społeczno-gospodarczego), przynoszący właścicielom odpowiedni dochód z zainwestowanego kapitału (zyski, odsetki od pożyczek, dywidendy), tj. proces udziału w kapitale z obrotu krajowego danego kraju i przekazywania go w formie towarowej lub pieniężnej do innego kraju w celu uzyskania dochodu.

W zależności od źródła i charakteru własności istnieje rozróżnienie między przepływem *kapitału prywatnego* (fundusze niepaństwowych podmiotów gospodarczych: firm, banków) a *przepływem kapitału urzędowego,* czyli kapitału publicznego i kapitału organizacji międzynarodowych (np. Międzynarodowego Funduszu Walutowego (MFW), Banku Światowego).

Istnieją dwie główne formy międzynarodowej migracji kapitału: kredyty i biznes.

Migracja kapitału pożyczkowego to udzielanie/odbieranie publicznych i prywatnych pożyczek (kredytów) w formie pieniężnej (lub towarowej) o określonym z góry oprocentowaniu na z góry określony czas (główne warunki - zapadalność, spłata, płatność). Pożyczkodawca zachowuje własność pożyczonego kapitału, a pożyczkobiorca ma prawo do korzystania z tego kapitału.

Przedsiębiorcza forma migracji kapitału polega na jego przepływie (inwestycji) w produkcję i obrocie za granicą. Właściciel zachowuje własność kapitału eksportowanego do innego kraju i możliwość bezpośredniej kontroli nad jego wykorzystaniem.

Kapitał przedsiębiorczy obejmuje *inwestycje bezpośrednie i portfelowe.*

Bezpośrednie inwestycje zagraniczne (BIZ) oznaczają przepływ kapitału i zasobów w celu ustanowienia silnych powiązań gospodarczych, zorganizowania produkcji towarów i usług na terytorium kraju przyjmującego oraz uzyskania kontroli nad przedsiębiorstwem [18, s. 478]. Bezpośrednie inwestycje zagraniczne są rzeczywistą inwestycją w kapitał rzeczowy, tzn. inwestują bezpośrednio w produkcję i dają możliwość zysku i kontroli nad przedsiębiorstwem, które otrzymuje ten kapitał. BIZ realizowane są poprzez zakup (przejęcie), fuzję, przejęcie przedsiębiorstw; tworzenie (budowę) nowych przedsiębiorstw i oddziałów; zakup pakietu akcji "z prawem głosu" uprawniającego do zarządzania przedsiębiorstwem; tworzenie wspólnych przedsięwzięć; inwestycje w badania i rozwój, szkolenia personelu, tworzenie nowych rodzajów towarów; nabywanie nowych środków produkcji i technologii.

Inwestycje portfelowe (PI) to inwestycje w zagraniczne papiery wartościowe lub nabycie pakietu akcji "bez prawa głosu" (do 10-20% kapitału zakładowego), które dają inwestorom prawo do otrzymania dywidendy, ale nie wpływają na funkcjonowanie przedsiębiorstwa [18, s. 438].

Do głównych *przyczyn międzynarodowej migracji kapitału* należą:

– dążenie do zwiększenia zysków (dla "nadwyżki" kapitału, który nie znajduje zastosowania w kraju, poszukiwanie możliwości jego korzystnego wykorzystania za granicą, korzystanie z tańszych surowców i/lub pracy);

– międzynarodowy podział pracy (ze względu na rozwój technologicznej i subtelnej specjalizacji poszczególnych krajów, bardziej opłacalne jest produkowanie części złożonych produktów za granicą);

– bariery celne (produkcja i sprzedaż wyrobów gotowych za granicą pozwala na ominięcie barier wysokich ceł na importowane towary, zmniejszenie obciążeń podatkowych);

– Rozwiązanie problemów środowiskowych (budowa szkodliwych przedsiębiorstw za granicą prowadzona jest dla bezpieczeństwa kraju);

– polityki (pożyczki rządowe na ekspansję polityczną i gospodarczą, dążenie do dywersyfikacji geograficznej, monopolizacja regionalnych lub lokalnych rynków zagranicznych).

Udział danego kraju w międzynarodowej migracji kapitału znajduje odzwierciedlenie w bezwzględnych *i względnych* wskaźnikach.

Bezwzględne wskaźniki zaangażowania (lub udziału) krajów w międzynarodową migrację kapitałową obejmują:

– wielkość eksportu kapitału;

– wielkość importu kapitału;

– liczba przedsiębiorstw z kapitałem zagranicznym;

– liczba zatrudnionych pracowników w przedsiębiorstwach z kapitałem zagranicznym.

Główne *względne wskaźniki* zaangażowania (lub udziału) danego kraju w międzynarodową migrację kapitałową są następujące:

– Wskaźnik importu kapitału (Kick), który odzwierciedla udział kapitału zagranicznego (WE) w produkcie krajowym brutto (PKB) kraju:

$$K_{\text{import kapitału}} = \frac{\text{IC}}{\text{PKB}}$$

– Wskaźnik kapitału eksportowego (WE), który odzwierciedla udział kapitału eksportowego (WE) w produkcie krajowym brutto (PKB) danego kraju:

$$K_{capital\ exports} = \frac{EC}{GDP}$$

Na rozwój procesu międzynarodowych migracji kapitałowych mają wpływ zarówno czynniki ekonomiczne (rozwój produkcji, tempo wzrostu gospodarczego, przesunięcia strukturalne w gospodarkach światowych i krajowych, pogłębienie międzynarodowego podziału pracy (specjalizacja i kooperacja produkcji), rozwój transnacjonalizacji gospodarki i procesów integracyjnych), *jak i czynniki polityczne* (liberalizacja międzynarodowego systemu gospodarczego, industrializacja i postindustrializacja gospodarek międzynarodowych i krajowych, reformy gospodarcze i aktywizacja społeczna).

Pozytywne i negatywne skutki międzynarodowej migracji kapitału dla uczestników tego procesu przedstawiono na wykresie 2.2.

Dla eksporterów		Dla importerów	
"«+»	"«–»	"«+»	"«–»
• ekspansja geograficzna rynku (nowe rynki); • Rozwój produkcji nowych towarów (usług) z wykorzystaniem lokalnych zasobów naturalnych i ludzkich; • wzmocnienie pozycji i wizerunku w obiecującym segmencie rynku; • nabycie nowej technologii; • eksportując "brudny" przemysł poza granice kraju; • przedłużenie żywotności przestarzałego produktu.	• odpływ kapitału z kraju wywozu; • Spadek zatrudnienia w kraju eksportującym spowodowany zmniejszeniem inwestycji krajowych; • Zagrożenie spowolnieniem tempa wzrostu w kraju eksportującym oraz negatywny wpływ na bilans płatniczy.	• możliwość wejścia na rynki międzynarodowe opracowane przez partnera; • rozwój nowych gałęzi przemysłu; • zdobywanie nowych technologii i doświadczenia w zarządzaniu; • Tworzenie miejsc pracy; • Wzrost eksportu i umiędzynarodowienie działalności gospodarczej; • aby poprawić swoją pozycję konkurencyjną; • Stabilizacja środków finansowych; • rozszerzenie bazy podatkowej i poprawa bilansu płatniczego.	• wypieranie lokalnego kapitału z dochodowych branż; • zagrożenie zanieczyszczeniem środowiska, (problemy środowiskowe); • ryzyko nabycia przestarzałych technologii (produkcja przestarzałych towarów); • rosnące zadłużenie (przy imporcie kapitału pożyczkowego); • rosnąca zależność gospodarcza i polityczna; • niedopasowanie interesów gospodarczych do celów partnerów biznesowych.

Rysunek 2.2 - Zalety i wady międzynarodowej migracji kapitału.

Ogólnie rzecz biorąc, międzynarodowa migracja kapitału przyczynia się do rozwoju i pogłębiania światowych stosunków gospodarczych. Jednocześnie wzrost kredytów międzynarodowych i tworzenie się światowego sektora kredytowego i finansowego zaostrza konkurencję i powoduje brak równowagi w płatnościach międzynarodowych.

2.5 Międzynarodowa migracja zarobkowa

Jedną z form współczesnych międzynarodowych stosunków gospodarczych jest ***międzynarodowa migracja zasobów pracy*** - przemieszczanie się, przesiedlanie zdolnej do pracy ludności z jednego kraju do drugiego w poszukiwaniu pracy i lepszych warunków życia.

Międzynarodowa migracja zarobkowa jest tworzona przez następujące przepływy:

- *emigracja* jest wyjazdem zdolnych do pracy obywateli z kraju;
- *imigracja* - wjazd zdolnych do pracy cudzoziemców z zagranicy;
- *poprzez reemigrację* - powrót zdolnych do pracy obywateli, którzy wyjechali za granicę do kraju.

Do głównych *przyczyn międzynarodowej migracji zarobkowej* należą:

- gospodarczy (głównie ekonomiczny poziom rozwoju krajów, który determinuje różne poziomy zatrudnienia i płac (wynagrodzeń));
- politycznych (wojny, rewolucje, prześladowania polityczne, narodowe i religijne);
- klęski żywiołowe (naturalne i technologiczne);
- osobiste motywacje.

Migracja zarobkowa może być *klasyfikowana za* pomocą szeregu atrybutów (kryteriów):

- w kierunku geograficznym;
- pod względem trwałości (czasu trwania);
- w sprawie statusu prawnego;
- przez poziom kwalifikacji migrantów.

Polityka migracyjna państwa jest systemem ukierunkowanych działań mających na celu regulację procesów napływu ludności do kraju i odpływu z niego.

Obecnie został ustanowiony i funkcjonuje trójpoziomowy system regulacji migracji międzynarodowej:

- międzynarodowe (międzyrządowe) umowy między krajami wywozu i przywozu;
- ustawodawstwo krajowe dotyczące statusu prawnego, politycznego i zawodowego imigrantów;
- krajowych służb imigracyjnych.

Priorytety w zakresie regulacji międzynarodowych przepływów migracyjnych są przyznawane państwom krajowym, tzn. proces ten jest regulowany przez dwa (lub więcej) podmioty mające interesy (kraje eksportujące i importujące) i wpływy na różnych etapach przepływu siły roboczej. Prawny wyraz tej interakcji znajduje odzwierciedlenie w dwustronnych i wielostronnych umowach dotyczących kwestii migracji oraz w systemie krajowych i międzypaństwowych regulacji migracji zarobkowej.

Migracja międzynarodowa była regulowana przez Międzynarodową Organizację Pracy (MOP), która była odpowiedzialna za rozwój społeczny, promocję zatrudnienia i ochronę zatrudnionych migrantów: Uchodźców (UNHCR), które jest odpowiedzialne za ochronę uchodźców, wdrażanie trwałych rozwiązań (przede wszystkim repatriację); System Stałego Monitoringu Migracji Organizacji Współpracy Gospodarczej i Rozwoju (SOPEMI); oraz Międzynarodowa Organizacja ds. Migracji (IOM), która opracowuje długoterminowe programy mające na celu uregulowanie przepływów migracyjnych, pomoc w zarządzaniu migracjami, współpracę techniczną oraz zapobieganie "drenażowi mózgów",

Państwowa regulacja przepływów migracji zarobkowych w Republice Białoruś odbywa się poprzez zastosowanie wzajemnie powiązanych środków legislacyjnych, gospodarczych i organizacyjnych.

Środki legislacyjne o charakterze pobłażliwym i zaporowym opierają się na ramach prawnych i regulacyjnych regulujących stosunki społeczne związane z rozwojem demograficznym społeczeństwa białoruskiego, tworzeniem warunków i regulacji skali migracji zarobkowej oraz wymianą pracy z innymi państwami (np. Konstytucja Republiki Białoruś, Ustawy Republiki Białoruś "O trybie wyjazdu z Republiki Białoruś i wjazdu do Republiki Białoruś obywateli Republiki Białoruś" [6], "O statusie prawnym obywateli cudzoziemskich i bezpaństwowców").

Tradycyjne obszary emigracji obywateli Białorusi to Rosja, Ukraina, Izrael, USA, Niemcy, Polska i Kanada. Imigranci na Białoruś to głównie obywatele krajów WNP: Rosji i Ukrainy.

Rolą państwa jako regulatora ekonomicznego migracji zarobkowych jest definiowanie celów i priorytetów krajowych, opracowywanie mechanizmów ich realizacji oraz tworzenie warunków dla migracji aktywnej części ludności. Nabór zagranicznej siły roboczej na Białorusi odbywa się w interesie celowości ekonomicznej, ochrony krajowego rynku pracy oraz zapewnienia priorytetowego prawa obywateli białoruskich do pracy. Zaletą są wysoko wykwalifikowani specjaliści i obywatele zagraniczni, którzy inwestują w gospodarkę kraju: tworzą zagraniczne i wspólne przedsięwzięcia na jego terytorium, zapewniają szkolenia i przekwalifikowanie personelu na poziomie nowoczesnych wymagań.

Procesy migracyjne na Białorusi są rejestrowane i analizowane od 1994 roku.

Tak więc bezpieczeństwo ekonomiczne odnosi się do migracji zarobkowej, która *po pierwsze,* promuje akumulację kapitału ludzkiego;

Po drugie, nie zmniejsza to potencjału siły roboczej kraju;

Po trzecie, zwiększa on bogactwo narodowe kraju poprzez racjonalne wykorzystanie migracji zarobkowej.

TEMAT 3 HANDEL MIĘDZYNARODOWY

"W warunkach rynkowych, człowiek jest już

nie tyle osoba, co konsument."

Э. Shostrom

3.1 Rynek międzynarodowy.
3.2 Międzynarodowy handel towarami.
3.3 Międzynarodowy handel usługami.
3.4 Międzynarodowy rynek pracy i własności intelektualnej.
3.5 Międzynarodowy rynek kredytowy.
3.6 Międzynarodowy rynek papierów wartościowych.
3.7 Rynek walutowy.
3.8 Bilans płatniczy.
3.9 Krajowe i międzynarodowe regulacje dotyczące handlu.
3.10 Międzynarodowe organizacje handlowe i gospodarcze.

3.1 Rynek międzynarodowy

Rynek jest systemem stosunków gospodarczych, politycznych, prawnych i społecznych (rysunek 3.1).

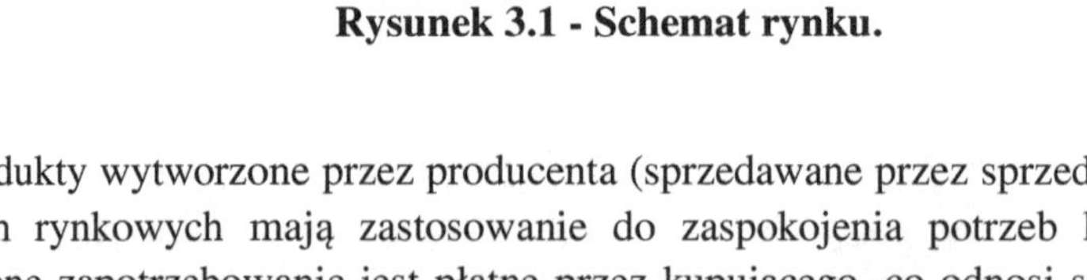

Rysunek 3.1 - Schemat rynku.

Produkty wytworzone przez producenta (sprzedawane przez sprzedającego), w warunkach rynkowych mają zastosowanie do zaspokojenia potrzeb kupującego. Zaspokojone zapotrzebowanie jest płatne przez kupującego, co odnosi się do zysku producenta (sprzedawcy).

Rynek międzynarodowy to system stosunków gospodarczych pomiędzy podmiotami różnych krajów, oparty na wymianie wyników pracy, w którym osiągane są następujące cele: zyski, odsetki od kredytów, dywidendy, zaspokojenie potrzeb.

Przedmiotami rynku międzynarodowego są towary i usługi, przedmioty pracy i własności intelektualnej, kapitał w formie materialnej i pieniężnej, papiery wartościowe, waluta. *Podmiotami* rynku międzynarodowego są państwa i struktury państwowe, organizacje międzynarodowe, związki integracyjne, korporacje międzynarodowe, podmioty gospodarcze (przedsiębiorstwa, firmy, banki, organizacje), przedsiębiorcy prywatni.

Celem działalności podmiotów gospodarczych na rynku międzynarodowym jest osiągnięcie stabilnej pozycji konkurencyjnej poprzez optymalizację zysków oraz zaspokojenie rosnących i zmieniających się wymagań docelowych grup konsumentów.

Handel międzynarodowy - transgraniczna wymiana produktów (materialnych i niematerialnych) pomiędzy podmiotami państw poprzez import i eksport.

Import - proces sprowadzania przedmiotów handlowych z zagranicy w celu ich sprzedaży na rynku krajowym.

Eksport - proces eksportu przedmiotów handlowych poza granice kraju w celu ich sprzedaży na rynkach zagranicznych.

Reeksport to proces sprowadzania przedmiotów handlowych z zagranicy do sprzedaży na innych rynkach zagranicznych.

Łącznie *przywóz i wywóz tworzą bilans handlowy danego kraju,* ponieważ przywóz musi być opłacony (finansowany) przez równoważną wartość wywozu w celu utrzymania bilansu płatniczego. Przywóz stanowi wyciek gotówki z okólnego modelu dochodu narodowego, co prowadzi do zmniejszenia realnego dochodu i produkcji produktu. Eksport stanowi "zastrzyk" w obiegu dochodu narodowego, powodując wzrost realnego dochodu narodowego i produkcji.

Suma wielkości wartości eksportu i importu tworzy obrót w *handlu zagranicznym.* Różnica w wartości eksportu i importu tworzy *bilans handlu zagranicznego.*

Przywóz i wywóz są zróżnicowane pod względem formy i rodzaju (tabela 3.1).

Tabela 3.1 - Klasyfikacja wywozu/przywozu.

Kryteria	**Rodzaje (formularze)**	**Spis treści**
Ze względu na charakter działalności.	Aktywny / pasywny	• Regularna / nieregularna działalność na rynkach zagranicznych. • Inicjatywa eksportera/importera. • Ekspansja / zawężenie rynków zagranicznych.
W sposób, w jaki działa	Bezpośrednie / pośrednie	• Sprzedaż produktu gotowego/półproduktu. • Działalność ta jest niezależna / poprzez pośredników. • Wysokie/niskie ryzyko. • Wysokie / niskie koszty.
Na miejscu.	Widoczny	Przedmiotem transakcji (kupna/sprzedaży) są towary materialne.
	Niewidoczny	Przedmiotem transakcji (kupna/sprzedaży) są dobra niematerialne (usługi).
	Eksport/import kapitału	FDI, FDI.

Taktyka handlu międzynarodowego obejmuje opracowanie zadań i metod ich realizacji zgodnie z celami i możliwościami uczestnika.

Wyróżnia się następujące aspekty handlu międzynarodowego: organizacyjny i techniczny, rynkowy i społeczno-gospodarczy.

Element organizacyjny i techniczny jest określony przez fizyczną wymianę towarów i usług pomiędzy podmiotami państwowymi. Główny nacisk położony jest na problemy związane z zakupem (sprzedażą) określonych towarów, ich przepływem pomiędzy kontrahentami (sprzedający - kupujący), rozliczeniami, przekraczaniem granic państwowych.

Komponent organizacyjny i rynkowy jest zdeterminowany przez agregację międzynarodowego popytu i międzynarodowej podaży, które materializują się w dwóch przeciwnych kierunkach przepływu towarów i/lub usług - światowym eksporcie (eksporcie) i światowym imporcie (imporcie). W tym przypadku zagregowany popyt na rynku międzynarodowym rozumiany jest jako wielkość produkcji towarów, które konsumenci są skłonni wspólnie kupować po aktualnym poziomie cen w kraju i poza nim, a zagregowana podaż - jako wielkość produkcji towarów, które producenci są skłonni oferować na rynku po aktualnym poziomie cen. Zazwyczaj rozpatruje się je tylko w kategoriach wartości. Problemy pojawiające się w tym przypadku związane są głównie z badaniem stanu rynku określonych towarów (stosunek podaży do popytu - koniunktura), optymalną organizacją przepływów towarowych między krajami, z uwzględnieniem szeregu czynników, ale przede wszystkim czynnika cenowego.

Komponent społeczno-gospodarczy definiowany jest jako szczególny rodzaj stosunków społeczno-gospodarczych powstających między państwami w procesie i w związku z wymianą towarów i usług. Stosunki społeczno-gospodarcze mają charakter globalny, ponieważ angażują wszystkie państwa i wszystkie ich grupy gospodarcze; są integratorem, łączącym gospodarki krajowe w gospodarkę międzynarodową i umiędzynarodawiającym ją w oparciu o Międzynarodowy Wydział Pracy (MOP).

Wpływ handlu międzynarodowego na gospodarkę narodową przejawia się w następujących kierunkach:

– w uzupełnianiu brakujących elementów produkcji krajowej, co sprawia, że "koszyk konsumencki" podmiotów gospodarczych gospodarki krajowej jest bardziej zróżnicowany;

– w przekształceniu naturalnej i materialnej struktury PKB ze względu na zdolność zewnętrznych czynników produkcji do zmiany i dywersyfikacji struktury krajowej;

– w przejawach efektownych, tj. zdolności czynników zewnętrznych do wpływania na wzrost efektywności produkcji krajowej, maksymalizacji dochodu narodowego przy jednorazowej redukcji społecznie niezbędnych wydatków na jego produkcję.

Obecnie rynek międzynarodowy charakteryzuje się następującymi cechami:

– Wzrost handlu międzynarodowego i międzynarodowej wymiany towarowej w wyniku pogłębiającego się umiędzynarodowienia gospodarek narodowych i wzrostu handlu internetowego;

– Rosnąca liczba uczestników (krajów i firm) oraz rosnący udział krajów rozwijających się;

– poprzez poszerzenie geografii wymiany międzynarodowej;

– zmiany w strukturze handlu (aktywny rozwój usług i rynków kapitałowych);

– Zmiany w strukturze towarowej (wzrost udziału produktów gotowych, dóbr wysokiej technologii, pojawienie się nowych branż w wyniku rozwoju innowacji);

– Ustanowienie trwałych powiązań pomiędzy producentami z różnych krajów w produkcji wyrobów (ze względu na pogłębienie specjalizacji subtelnej i technologicznej, tzw. "barterowanie" handlu międzynarodowego, oparte na handlu wewnątrzkorporacyjnym i wymianie półproduktów (komponentów), wzrost innych rodzajów transakcji wzajemnych w sieci powiązań tworzonych i kreowanych przez KTN poza krajami);

– rosnący wpływ czynników politycznych na systemy handlowe;

– nasilenie i zmiana charakteru walki konkurencyjnej (utajona monopolizacja rynków przez wiodące firmy, nieuczciwa konkurencja: stosowanie cen dumpingowych, szpiegostwo informacyjne i marketingowe, spekulacje papierami wartościowymi, podrabianie znaków towarowych, "piracka produkcja", antyreklama).

Działalność na rynku międzynarodowym podlega ciągłemu rozwojowi i zmianom, określanym i regulowanym przez politykę i ramy prawne. W związku z tym uczestnicy handlu międzynarodowego muszą przeprowadzić kompleksową, systematyczną analizę międzynarodowych czynników i warunków rynkowych w celu osiągnięcia trwałej pozycji konkurencyjnej.

3.2 Międzynarodowy handel towarami

Po przekroczeniu granicy towary są wymieniane na szczeblu międzynarodowym.

Międzynarodowy handel towarami jest zdefiniowany przez następujące cechy:

1. Całkowity wolumen (obrót w handlu zagranicznym).

2. Struktura towarowa.

3. Struktura geograficzna.

Obrót w handlu zagranicznym jest sumą wartości importu i eksportu danego kraju. Międzynarodowy obrót towarowy obejmuje wszystkie przepływy towarów pomiędzy krajami, niezależnie od tego, czy są one sprzedawane na rynku lub na innych warunkach, czy też pozostają własnością dostawcy.

W międzynarodowej praktyce w zakresie statystyki wywozu i przywozu data rejestracji to moment, w którym towary przekraczają granicę celną danego kraju. Stawka lub zestaw stawek celnych nakładanych na towary przewożone przez granicę celną państwa jest określana przez *system taryfowy* (*lub taryfa: prosta, złożona*).

Praktyki w zakresie regulacji celnych i taryfowych wiążą się z *eskalacją taryf* - wyższą wyceną celną towarów w trakcie ich przetwarzania - stosowaną w krajach rozwiniętych i niedostępną w krajach rozwijających się (z wyjątkiem Tajwanu i Chin).

Istnieją dwa główne rodzaje opłat celnych: "piekło" (określane i pobierane jako procent całkowitej wartości towaru) i towar (określane i pobierane jako pewna kwota pieniędzy z fizycznej jednostki towaru).

Przywóz oznacza przywóz towarów z zagranicy pod warunkiem uiszczenia należności celnych przywozowych. Cło przywozowe (według taryfy) jest zwykle stosowane w celu uzupełnienia dochodów państwa, ochrony rynku krajowego (producenta krajowego) przed penetracją towarów zagranicznych, tworzenia korzyści dla importerów indywidualnych (pełniących funkcje fiskalne, protekcjonistyczne i preferencyjne). Wywóz oznacza wywóz towarów poza granice państwa pod warunkiem uiszczenia należności celnych wywozowych i innych płatności przewidzianych w przepisach prawa (opłaty celne za rejestrację, wydanie licencji, przechowywanie i konserwację towarów).

Jednocześnie rozróżniamy *wartość i fizyczną wielkość eksportu i importu towarów*. Wolumen wartości wyrażany jest w cenach bieżących przy zastosowaniu bieżących kursów walutowych, natomiast wolumen fizyczny wyrażany jest w cenach stałych roku bazowego.

Wartość importu i eksportu jest obliczana w większości krajów po cenach umownych sprowadzonych do jednej podstawy, a mianowicie: ceny importowe po CIF (koszt, ubezpieczenie, fracht - wartość towaru, ubezpieczenie i fracht, za które odpowiada sprzedający), ceny eksportowe po FOB (free on board - "free on board", zobowiązujące sprzedającego do dostarczenia towaru, zwolnione z należności celnych wywozowych, na pokładzie wyczarterowanego przez kupującego statku).

Struktura towarowa jest określana na podstawie składu i ciężaru właściwego grup towarowych w międzynarodowej wymianie towarowej, tzn. odzwierciedla udział tej czy innej grupy towarowej w całkowitym wolumenie międzynarodowego obrotu towarowego.

W praktyce międzynarodowej stosowane są różne systemy klasyfikacji towarów. Na przykład w handlu towarami Międzynarodowa Standardowa Klasyfikacja Handlu (ONZ) - SMTC (SITC), przyjęta w 1985 r., gdzie 3118 głównych pozycji towarowych jest połączonych w 1033 podgrupy (z czego 2805 pozycji znajduje się w 720 podgrupach), które są zagregowane w 261 grupach, 67 departamentach i 10 sekcjach. Większość krajów stosuje Zharmonizowany System Oznaczania i Kodowania Towarów [3].

Charakteryzując strukturę towarową obrotu w handlu międzynarodowym, istnieją dwie duże grupy towarów: surowce i wyroby gotowe, których stosunek wynosi ≈25% : 75%, a mianowicie dla krajów rozwiniętych o gospodarce rynkowej stosunek surowców do wyrobów gotowych wynosi ≈15% : 85%; dla krajów rozwijających się - ≈45% : 55%. Wskaźnik ten może się zmieniać w zależności od zmian cen surowców, zwłaszcza energii.

Szczególne znaczenie ma obliczenie udziału produkcji maszynowej w ogólnej wielkości eksportu międzynarodowego, co pozwala na obliczenie wskaźnika uprzemysłowienia eksportu kraju poprzez porównanie wskaźników udziału produkcji maszynowej (który może zawierać się w przedziale od 0 do 1: im bliżej 1, tym więcej tendencji w rozwoju gospodarki kraju zbiega się z tendencjami gospodarki światowej).

Złożone procesy zachodzące w gospodarce międzynarodowej na obecnym etapie istotnie zmieniły strukturę towarową rynku międzynarodowego, który charakteryzuje się znacznym zróżnicowaniem i dywersyfikacją. Asortyment towarowy obrotu w handlu zagranicznym rozwija się dynamicznie, co związane jest z pogłębianiem się międzynarodowego podziału pracy i różnorodnością wymagań w zakresie towarów o przeznaczeniu przemysłowym i konsumenckim (tabela 3.2).

Tabela 3.2 - Trendy w rozwoju międzynarodowego rynku towarów.

Trendy na międzynarodowym rynku towarów	**Przyczyny i treść procesu**
Rosnący udział produktów produkcyjnych i malejący udział żywności i surowców	Udział handlu produktami przemysłowymi wzrósł z 1/3 do 3/4 (ponad 1/3 handlu międzynarodowego to maszyny i urządzenia), podczas gdy międzynarodowy handel żywnością, surowcami i paliwami spadł z 2/3 do 1/4 ze względu na spadek udziału sektora rolnego i chęć niektórych państw do zapewnienia krajowego bezpieczeństwa żywnościowego.
Wzrost wymiany towarów do celów przemysłowych	Aktywny handel maszynami i urządzeniami zrodził szereg nowych usług, takich jak usługi inżynieryjne, leasingowe, konsultingowe, informacyjne i komputerowe, które z kolei stymulują handel towarami do celów produkcyjnych.
Rosnąca dynamika handlu towarami wymagającymi specjalistycznej wiedzy i produktami zaawansowanymi technologicznie	W wyniku przejścia do postindustrialnego poziomu rozwoju gospodarczego i produkcji klas 6 i 7, walka konkurencyjna nasiliła się.
Wzrost wymiany produktów chemicznych	W wyniku rozwoju naukowego i technologicznego powstają materiały syntetyczne o określonych z góry właściwościach przy użyciu nano- i biotechnologii.
Skrócenie czasu trwania GTZ (cyklu życia produktu)	80% produktów nie przechodzi pełnego cyklu przebywania na rynku straty firm⇒
Demetriacja rynku (indywidualizacja)	Optymalne połączenie dywersyfikacji, zróżnicowania i standaryzacji w zakresie produktów.
Spadek wartości tradycyjnych pojedynczych produktów i pojawienie się nowej formy produktu - grupy produktów.	W związku z dynamiczną zmianą i stymulacją popytu, dystrybucja grupy towarowej na międzynarodowych rynkach towarowych odbywa się w dwóch głównych kierunkach: wzrost asortymentu towarów i komplikacja ich właściwości konsumpcyjnych; kojarzenie towarów w dostawach kompletnych.

Budowanie relacji na międzynarodowym rynku towarowym wymaga analizy warunków i zmian zachodzących w międzynarodowym środowisku biznesowym.

Struktura geograficzna (przestrzenna) międzynarodowego obrotu towarowego charakteryzuje się jego rozkładem według kierunków przepływu towarów - zbioru towarów (w ujęciu wartościowym i fizycznym) przemieszczających się pomiędzy krajami.

Rozróżnia się następujące międzynarodowe przepływy towarów:

– między rozwiniętymi gospodarkami rynkowymi (EME): są one powszechnie określane jako "Zachód - Zachód" lub "Północ - Północ" (stanowią one około 60% handlu międzynarodowego);

– między rozwiniętymi gospodarkami rynkowymi (DC) a krajami rozwijającymi się (DC), które są określane jako "zachód-południe" lub "północ-południe" (stanowią one ponad 30% światowego obrotu handlowego);

– między krajami rozwijającymi się (DC), które są określane jako "Południe - Południe" (stanowią one około 10% światowego obrotu handlowego).

Struktura przestrzenna powinna również rozróżniać pomiędzy obrotem regionalnym, integracyjnym i wewnątrzkorporacyjnym. Są to części handlu światowego, które odzwierciedlają jego koncentrację w ramach jednego regionu (np. Azja Południowo-Wschodnia), jednej grupy integracyjnej (np. Unia Europejska) lub jednej korporacji (np. TNC). Każda z nich ma swoją własną strukturę ogólną, towarową i geograficzną oraz odzwierciedla tendencje i stopień umiędzynarodowienia i globalizacji gospodarki międzynarodowej.

Należy zauważyć, że pod wpływem czynników ekonomicznych i politycznych końca XX i początku XXI wieku nastąpiły istotne zmiany w strukturze geograficznej handlu międzynarodowego: kraje uprzemysłowione nadal odgrywają wiodącą rolę, natomiast grupa krajów rozwijających się wykazuje wyraźny, nierównomierny stopień uczestnictwa w międzynarodowym handlu towarami (wzrost handlu międzynarodowego i aktywności gospodarczej krajów nowo uprzemysłowionych (NIC).

Formy międzynarodowego handlu towarami są zróżnicowane i odbywają się w różnych rodzajach transakcji w handlu zagranicznym, z których najważniejsze to..:

– Sprzedaż hurtowa - zakup i sprzedaż towarów w partiach na rynek zagraniczny w celu dalszej odsprzedaży lub profesjonalnego wykorzystania (obejmuje wszystkie ogniwa przepływu towarów od producenta do sieci detalicznej lub przedsiębiorstwa);

– Kontrakt handlowy jest transakcją handlu zagranicznego, która zobowiązuje eksportera do zakupu towarów od importera za część lub pełną kwotę odpowiadającą wartości eksportowanych towarów (umowy kompensacyjne, transakcje barterowe, zakupy w kasie, zakup przestarzałego sprzętu przy sprzedaży nowych modeli), co pozwala osiągnąć równowagę transakcji eksportowych i importowych;

– Giełda towarowa - dobrowolne zrzeszenie osób prawnych i/lub osób fizycznych z różnych państw w celu publicznej sprzedaży towarów na uprzednio ustalonych zasadach w określonym miejscu, w określonym czasie;

– transakcje terminowe typu futures - transakcje terminowe kupna i sprzedaży surowców, złota po cenach obowiązujących w momencie zawarcia transakcji, z późniejszą dostawą i zapłatą za zakupiony towar w przyszłości (transakcja zawierana jest najczęściej nie w celu sprzedaży i zakupu towaru, lecz w celu ubezpieczenia (zabezpieczenia) kolejnej transakcji z towarem pieniężnym lub w celu osiągnięcia zysku z dalszej odsprzedaży towaru);

– przetargi międzynarodowe - przetargi, przetargi płatne dla uczestników, których warunki są ogłaszane z wyprzedzeniem, na otrzymanie zamówień związanych z dostawą sprzętu, materiałów budowlanych, budową obiektów za granicą;

– aukcje międzynarodowe - forma publicznej sprzedaży oparta na konkurencyjności cenowej nabywców, w uprzednio ustalonym czasie i w uprzednio wyznaczonym miejscu przedmiotu przedstawionego do wglądu (otwarta i zamknięta, w celu obniżenia i podniesienia cen ("holenderski" i "angielski");

– targi - miejsca okresowego handlu towarami prezentowanymi przez wystawców;

– Handel internetowy jest formą handlu elektronicznego.

3.3 Międzynarodowy handel usługami

Międzynarodowy handel towarami i handel usługami są wzajemnie powiązane. Pogłębienie *międzynarodowego podziału pracy, intensyfikacja kontaktów między krajami i narodami, zmiany strukturalne i technologiczne w gospodarce międzynarodowej przyczyniają się do rozwoju handlu usługami*: aktywny handel maszynami i urządzeniami dał początek wielu nowym usługom - inżynieryjnym, leasingowym, doradczym, informacyjnym i obliczeniowym, co z kolei stymuluje wymianę usług między krajami, zwłaszcza o charakterze naukowo-technicznym, przemysłowym, komunikacyjnym, finansowym i kredytowym. Jednocześnie handel usługami stymuluje międzynarodowy handel towarami. Głębokie umiędzynarodowienie życia gospodarczego i nasycenie rynku międzynarodowego towarami spowodowało wzrost popytu na usługi (tabela 3.3).

Tabela 3.3 - Struktura światowej produkcji PKB, %.

Przemysł, sektor gospodarki	**Ciężar właściwy**
Rolnictwo	6
Przemysł	31
Usługi	63

Źródło: [36]

Charakterystyczną cechą postindustrialnego rozwoju gospodarczego jest aktywizacja i rozwój rynku usług.

Usługa jest niefizyczną (niematerialną) formą towaru, przynoszącą użyteczne skutki dla konsumenta.

Główna charakterystyka usługi:

– Niezauważalny;

– nierozłączność produkcji i konsumpcji;

– niejednorodność lub zmienność jakości;

– niezdolność do przechowywania.

Ogólny Układ w sprawie Handlu Usługami (GATS) Klasyfikacja definiuje ponad 150 rodzajów usług, które zostały pogrupowane w poniższych sekcjach:

– usługi biznesowe;

– usługi komunikacyjne (pocztowe, kurierskie, telekomunikacyjne);

– budownictwo i związane z nim usługi;

– usługi dystrybucyjne (usługi agenta sprzedaży, sprzedaż detaliczna i hurtowa, franchising);

– usługi edukacyjne;

– służby zdrowia i opieki społecznej;

– usługi związane z ochroną środowiska;

– usługi transportowe;

– usługi finansowe;

– usługi turystyczne i związane z podróżami;

– usługi rekreacyjne (działalność rekreacyjna, kulturalna i sportowa (z wyjątkiem usług audiowizualnych);

– inne usługi.

Międzynarodowy handel usługami to system transakcji handlowych zawieranych pomiędzy osobami prawnymi (osobami fizycznymi) z różnych krajów w procesie świadczenia (kupowania i sprzedawania) usług.

Układ ogólny w sprawie handlu usługami określa sposób prowadzenia międzynarodowego handlu usługami:

1. *Handel transgraniczny, w którym* sprzedawca i nabywca usługi nie przemieszcza się przez granicę, jedynie usługa (np. telekomunikacyjna, telefoniczna, finansowa, informacyjna) przekracza granicę.

2. *Konsumpcja usług za granicą związana jest z* przemieszczaniem się konsumenta do kraju produkcji usług (np. podróże zagraniczne w celu podjęcia studiów, leczenia, turystyki).

3. *Obecność handlowa (komercyjna)* przewiduje świadczenie przez sprzedawcę usług za granicą na terytorium kraju kupującego poprzez tworzenie struktur handlowych: oddziałów, przedstawicielstw (np. usługi bankowe oddziałów banków zagranicznych, usługi edukacyjne oddziałów uczelni zagranicznych).

4. *Obecność osób fizycznych* oznacza świadczenie usług przez osoby bezpośrednio z zagranicy (np. projektanta, architekta, lekarza, konsultanta) [15].

Międzynarodowy handel usługami ma szereg obiektywnych i subiektywnych cech.

Te obiektywne są:

Po pierwsze, zakup i sprzedaż usługi zazwyczaj wiąże się z bezpośrednim kontaktem między producentem a konsumentem, ponieważ usługi są głównie produkowane i konsumowane jednocześnie i nie podlegają składowaniu;

Po drugie, w odróżnieniu od dóbr materialnych, usługi nie zmieniają właściciela przy zakupie i sprzedaży, a w rezultacie mogą być sprzedawane wielokrotnie (np. usługi edukacyjne, doradcze);

Po trzecie, pewna liczba usług jest "niehandlowa" i nie może być zaangażowana w obrót międzynarodowy (np. usługi komunalne, usługi dla gospodarstw domowych);

Po czwarte, krajowe rynki usług są chronione przez państwa w większym stopniu niż rynki produkcji materialnej, aby zapobiec zagrożeniom dla dobrobytu ludzi, suwerenności i bezpieczeństwa kraju;

Po piąte, międzynarodowy handel usługami jest ogniwem łączącym inne formy stosunków międzynarodowych i stwarza niezbędne warunki dla dalszego rozwoju społeczeństwa (tworząc główne czynniki wzrostu gospodarczego: wiedzę naukową, niematerialne formy akumulacji, technologie informacyjne).

Te subiektywne są:

Po pierwsze, dynamiczny rozwój produkcji międzynarodowej i międzynarodowej wymiany usług, który determinuje powstawanie nowych zawodów i, ogólnie rzecz biorąc, ekspansję pozycji gospodarczych w sektorze usług;

Po drugie, priorytetowy rozwój usług finansowych, turystycznych, transportowych i telekomunikacyjnych, napędzany przez procesy globalizacji i zwiększony przepływ kapitału, pracy i czynników produkcji;

Po trzecie, rosnący udział krajów rozwijających się w międzynarodowym handlu usługami, w którym dominują rozwinięte gospodarki rynkowe.

3.4 Międzynarodowy rynek pracy i własność intelektualna

Dynamika międzynarodowych migracji, ekspansja międzynarodowej przestrzeni informacyjnej oraz przejście do postindustrialnego rozwoju gospodarki uaktywniły międzynarodowy rynek pracy i obiekty własności intelektualnej.

Międzynarodowy rynek pracy - system relacji handlowych pomiędzy podmiotami z różnych krajów, których przedmiotem są umiejętności i zdolności zawodowe (zdolność do pracy), nierozerwalnie związane z ich nosicielem (osobą).

Obecnie powstały główne ośrodki rynku pracy:

– *USA, Kanada, Australia*: ludność tych krajów składa się całkowicie lub częściowo z potomków imigrantów, istnieje więc polityka asymilacji imigrantów (wchłanianie, opanowanie języków państwowych, tradycji, obyczajów, moralności), pierwszeństwo mają wysoko wykwalifikowani specjaliści - naukowcy, sportowcy, trenerzy, artyści, muzycy, pisarze;

– *Europa Zachodnia*: wolą oni czerpać brakującą siłę roboczą z krajów byłej kolonialnej i zależnej Europy, tradycyjnie wykorzystując ją w branżach i sektorach, w których występuje wysoki udział pracy fizycznej, w brudnych i niebezpiecznych branżach uważanych za nie prestiżowe dla miejscowej ludności;

– *Bliski Wschód* (region krajów wydobywających ropę naftową): charakteryzuje się wysokim udziałem imigrantów wśród ludności pracującej (40%-95%), zakazem nadawania obywatelstwa, orientacją na zdolnych imigrantów z Azji Południowo-Wschodniej (ponieważ łatwiej jest kontrolować ich pobyt i rotację (przesunięcie) w krajach zatrudnienia);

– *Region Azji i Pacyfiku*: charakteryzuje się nielegalną (ukrytą) migracją ludności zdolnej do pracy oraz migracją regulowaną, głównie wysoko wykwalifikowanych specjalistów wraz z inwestycjami bezpośrednimi (BIZ), w oparciu o wewnętrzną korporacyjną sieć powiązań organizacyjnych i gospodarczych TNK;

– *Ameryka Łacińska*: charakterystyczna jest migracja ludności Ameryki Łacińskiej w wieku produkcyjnym z krajów słabiej rozwiniętych do bardziej rozwiniętych, programy subsydiowania przyciągające specjalistów z Europy Wschodniej (najlepiej pracowników naftowych, inżynierów chemicznych, rolników);

– *Republika Południowej Afryki*: typowe jest przyciąganie pracowników na krótki okres czasu (do 1 roku) do przemysłu górniczego z sąsiednich krajów afrykańskich, ścisła selekcja zawodowa specjalistów z innych regionów świata, duże zainteresowanie specjalistami z krajów WNP, którzy przyjeżdżają do RPA na stały pobyt.

Własność intelektualna - własność na prawach wyłącznych stosowana do korzystania z wyników działalności i przedmiotów indywidualizacji działalności gospodarczej osób fizycznych lub prawnych (prawa autorskie lub prawa do przedmiotów własności przemysłowej).

W kontekście globalizacji coraz większego znaczenia nabiera komercyjne wykorzystanie własności intelektualnej.

Międzynarodowy rynek własności intelektualnej - system relacji pomiędzy zakupem i sprzedażą przedmiotów własności intelektualnej (PWI) pomiędzy podmiotami z różnych krajów [2].

Rozwój międzynarodowego rynku obiektów własności intelektualnej odbywa się w głównych kierunkach:

1. Rynek *produktów wykorzystujących wiedzę specjalistyczną* (instalacje technologiczne, preparaty farmaceutyczne, inżynieria komputerowa).

2. Rynek *produktów i technologii informatycznych* (zarówno na papierze, jak i na dyskach laserowych, serwerach).

3. Rynek *praw własności intelektualnej* (redystrybucja przywilejów w drodze zakupu i sprzedaży patentów, licencji).

W praktyce światowej istnieją dwa systemy ochrony własności intelektualnej autorów innowacji:

– *Niemiecko-rumuński*, na podstawie wynalazków należących do osoby, która jako pierwsza złożyła wniosek o wydanie dokumentu ochronnego;

– *Anglosaska*, oparta na "zasadzie pierwszego wynalazcy", czyli na fakcie nadużywania.

Ochrona prawna przedmiotów własności intelektualnej w celu uregulowania stosunków prawnych majątkowych (gospodarczych) i niemajątkowych (moralnych) wynikających z ich tworzenia i użytkowania, a także usuwanie barier handlowych w ich realizacji odbywa się od 1996 r. zgodnie z ogólnymi zasadami międzynarodowymi Porozumienia w sprawie handlowych aspektów praw własności intelektualnej (TRIPS) i dotyczy następujących rodzajów własności intelektualnej:

– prawa autorskie i inne prawa pokrewne;

– Znaki towarowe;

– oznaczenia geograficzne;

– próbki przemysłowe;

– patenty;

– o typologii układów scalonych;

– informacje niejawne [14].

Szczególną część międzynarodowego rynku usług stanowi międzynarodowy rynek technologii (zastosowanie wiedzy naukowej do rozwiązywania problemów praktycznych), który charakteryzuje się dużą różnorodnością i dynamiką rozwoju.

Przedmiotem międzynarodowego handlu technologicznego są wyniki działalności intelektualnej w formie redefiniowanej i niedefiniowanej, bez wyraźnej granicy między tymi formami:

– *Zdobiona forma* obejmuje wzory przemysłowe, poszczególne jednostki i linie produkcyjne, które są przekazywane do dalszej produkcji w określonej technologii;

– Dokumentacja techniczna, wiedza, doświadczenie, sformułowania, licencje na wykorzystanie wyników rozwoju naukowego i technologicznego, programy komputerowe, znaki towarowe mogą być uznane za *formę niezbywalną.*

Główną formą międzynarodowej wymiany technologicznej (nietowarowarowa transakcja handlowa) jest udzielanie licencji.

Licencja (patent) - zezwolenie udzielone przez właściciela patentu innej osobie lub firmie na wykorzystanie treści patentu do celów przemysłowych lub handlowych. Patent przyznaje monopol na korzystanie z wynalazku osobie (właścicielowi patentu), której został on przyznany.

Licencja jest wydawana za określonym wynagrodzeniem (opłatą), na określonych warunkach i na czas określony w umowie. Jednocześnie własność przedmiotu licencji pozostaje własnością właściciela patentu. Opłata za korzystanie z licencji jest częścią dochodu generowanego przez korzystanie z licencji.

3.5 Międzynarodowy rynek kredytowy

Kredyt międzynarodowy - przepływy kapitału pożyczkowego związane z udostępnieniem zasobów walutowych i towarowych w warunkach pilności, spłaty i płatności. Kredytodawcami i pożyczkobiorcami mogą być banki, firmy, agencje rządowe, rządy, międzynarodowe i regionalne organizacje finansowe (instytucje).

Międzynarodowy rynek kredytowy - relacje podmiotów z różnych krajów w procesie udzielania/pożyczek w formie pieniężnej i towarowej na zasadzie pilności, spłaty, płatności.

Rodzaje kredytów międzynarodowych:

– w celu: handlowym, finansowym, śródrocznym;

– z natury: towar, waluta;

– według walut: w walucie kraju kredytobiorcy, w walucie kraju kredytodawcy, w walucie państwa trzeciego, w międzynarodowych jednostkach rachunkowych;

– w zakresie techniki rezerw: gotówka, gotówka bezgotówkowa (akceptacja), świadectwa depozytowe, pożyczki obligacyjne, konsorcja (udzielane dwóm lub więcej wierzycielom);

– według terminów: super termin (od 1 dnia do 3 miesięcy), krótkoterminowy (do 1 roku), średnioterminowy (od 1 roku do 5 lat), długoterminowy (powyżej 5 lat);

– dla zabezpieczenia: zabezpieczone, puste;

– według kategorii wierzycieli: firma, bankowość, maklerstwo, mieszane, międzynarodowe organizacje finansowe (instytucje).

Funkcjonowanie międzynarodowego rynku kredytowego na to pozwala:

– Redystrybucja środków finansowych i materialnych pomiędzy krajami w celu ich jak najbardziej efektywnego wykorzystania;

– Oszczędność kosztów obiegu w rozliczeniach międzynarodowych poprzez zastąpienie gotówkowych obrotów walutowych operacjami kredytowymi;

– Tymczasowo udostępniać darmowe pieniądze z niektórych krajów na kredytowanie inwestycji w innych;

– aby przyspieszyć proces sprzedaży towarów i usług na rynku międzynarodowym.

3.6 Międzynarodowy rynek papierów wartościowych

Papiery wartościowe - dokumenty sporządzone w formie określonej przepisami prawa, poświadczające prawa majątkowe, które nie mogą być zrealizowane lub przeniesione na inną osobę bez udostępnienia lub przedstawienia odpowiednich dokumentów.

Rodzaje papierów wartościowych:

– akcja - papier wartościowy, który poświadcza prawo własności akcji kapitałowych i daje prawo do otrzymania części zysku w formie dywidendy;

– weksel - zabezpieczenie zawierające zobowiązanie osoby fizycznej lub prawnej do spłaty zobowiązania pieniężnego (zapłaty) w określonej wysokości w określonym terminie;

– konosament - zabezpieczenie (dokument tytułowy - pokwitowanie) poświadczające umowę (umowę) na przewóz towarów;

– obligacja - zabezpieczenie, które potwierdza zobowiązanie do zapłaty jej wartości nominalnej właścicielowi w ustalonym terminie wraz z zapłatą stałych odsetek;

– certyfikat - zabezpieczenie, które łączy udział w kapitale z brakiem pewnych praw akcjonariuszy (prawa głosu);

– Czek jest zabezpieczeniem stosowanym do dokonywania płatności komercyjnych, głównie o charakterze nietowarowym.

Międzynarodowy rynek papierów wartościowych - część międzynarodowego rynku kapitału pożyczkowego (w postaci giełd (rynek giełdowy), specjalnych instytucji kredytowych i banków (rynek pozagiełdowy), na którym emitowane i kupowane i sprzedawane są papiery wartościowe podmiotów gospodarczych z różnych krajów.

Wprowadza się rozróżnienie między *pierwotnym rynkiem papierów wartościowych*, na którym papiery wartościowe są emitowane i umieszczane po raz pierwszy, a *wtórnym* rynkiem papierów wartościowych, na którym wcześniej wyemitowane papiery wartościowe są kupowane i sprzedawane (w obrocie).

Funkcjonowanie międzynarodowego rynku papierów wartościowych na to pozwala:

– mobilizacja środków deponentów w celu zorganizowania i rozszerzenia produkcji;

– szybkie przeniesienie oszczędności na inwestycje, po cenach, które odpowiadają sprzedawcy i kupującemu;

– aby informować o zmianach w warunkach rynkowych.

Trendy w rozwoju międzynarodowego rynku papierów wartościowych:

– aktywna sekurytyzacja - obrót kapitałem w papierach wartościowych;

– wzrost szybkości transakcji giełdowych i obrotów (dzięki wykorzystaniu technologii komputerowych i przestrzeni internetowej);

– globalizacja (oparta na głębokiej internacjonalizacji i transnarodowości gospodarki międzynarodowej);

– koncentracja i centralizacja kapitału na największych giełdach w Tokio (Tokyo Stock Exchange), Frankfurcie Stock Exchange, London International Stock Exchange, New York Stock Exchange oraz nowych platformach handlowych (NASDAQ - National Association of Securities Dealers Automated, SEAQS - Stock Exchange Automated Quotation System).

3.7 Rynek walutowy

Rynek walutowy - sfera stosunków gospodarczych powstająca w wyniku transakcji kupna i sprzedaży waluty obcej po określonym kursie (lub (w wąskim znaczeniu) oficjalnych ośrodków, w których dokonuje się transakcji kupna i sprzedaży waluty obcej, papierów wartościowych w walucie obcej, inwestycji walutowych, udzielania kredytów w walucie obcej, dokonywania rozliczeń w walucie obcej).

Regulacja walutowa odnosi się do ogółu form i metod organizacji przepływów pieniężnych, zarówno w walucie obcej, jak i krajowej, przy wykonywaniu międzynarodowych operacji gospodarczych (gospodarczych z zagranicy) w celach:

- wzmocnienie krajowego bilansu płatniczego;
- aby zapewnić stabilność kursu walutowego;
- aby zapobiec odpływowi kapitału.

Kurs, po którym bank kupuje walutę od klienta nazywany jest kursem *kupującego*, kurs, po którym bank sprzedaje walutę nazywany jest kursem *sprzedającego*. W przypadku notowania *bezpośredniego* (ustalanie proporcji walutowych - kurs) kurs kupującego jest niższy od kursu sprzedającego, w przypadku *notowania pośredniego* - kurs kupującego jest wyższy od kursu sprzedającego.

Przy zawieraniu transakcji walutowych konieczne jest zbadanie stosunku należności i zobowiązań dla każdej waluty - *pozycji walutowej* (która może być *zamknięta (gdy* pozycje walutowe są równe) i *otwarta* (długa (gdy należności walutowe przewyższają zobowiązania) i krótka (gdy zobowiązania walutowe przewyższają zobowiązania)).

Istnieją trzy główne etapy rozwoju globalnego systemu walutowego:

1. System "złotego standardu", zaprojektowany przez Konwencję Paryską w 1867 roku. ("Paryski System Walutowy"), zgodnie z którym złoto uznawano za jedyną formę światowego pieniądza (standard złotej monety, standard złota, standard złotego motta).

2. "System Bretton Woods, założony w 1944 roku, ustalał kursy walut różnych krajów w dolarach amerykańskich i złocie (stały parytet) i łączył dolara amerykańskiego ze złotem (1 uncja złota = 35 dolarów).

3. System Jamajki", zalegalizowany przez Międzynarodowy Fundusz Walutowy (MFW) w Kingston w 1976 r., który wyłączył złoto z obliczeń MFW i jego członków i ustanowił system płynnych kursów walutowych bez ograniczania ich wahań.

Główne światowe waluty (waluty światowe) są powszechnie używane do tworzenia rezerw walutowych, dynamika ich kursów jest ściśle powiązana: dolar amerykański, euro, funt szterling, jen japoński, frank szwajcarski, dolar australijski i kanadyjski, chiński juan.

Dolar amerykański - USD, symbol dolara, jest walutą narodową Stanów Zjednoczonych, a ponadto jest używany jako środek płatniczy w ponad dwudziestu krajach na całym świecie. Euro - €, czyli euro jest wspólną walutą dla wielu krajów europejskich, wprowadzenie wspólnej waluty europejskiej nastąpiło od 1 stycznia 1999 r. dla płatności bezgotówkowych, a od 1 stycznia 2002 r. jako płatność gotówkowa, pełne przejście na euro nastąpiło od 1 czerwca 2002 r. Funt szterling - GBP, czyli brytyjska waluta narodowa, jest obecnie uznawany za jedną z najbardziej stabilnych walut na świecie, o najwyższej wartości w porównaniu z innymi walutami na świecie. Jen - JPY, czyli narodowa waluta Japonii, jest szeroko stosowana jako środek płatniczy w krajach azjatyckich, i jest najpopularniejszą walutą w tym regionie, kurs jest dość niestabilny, więc ta waluta jest rzadko stosowana jako rezerwa. Frank szwajcarski - w kwotowaniach walutowych określany jest jako CHF, jest walutą narodową i główną jednostką płatniczą w Szwajcarii, jego popularność zyskał dzięki stabilności szwajcarskiego systemu bankowego oraz wysokiemu zaopatrzeniu w złoto i rezerwy walutowe (nie mniej niż 40% wartości). Dolar australijski to AUD, narodowa waluta Australii. Dolar kanadyjski jest skrótem od CAD, narodowej waluty Kanady. Jest on szczególnie popularny w rozliczeniach na giełdach towarowych, gdzie handluje się lasami, metalami lub energią. Juan chiński - skrót CNY, waluta krajowa Chin, wymieniony w wykazie światowych walut rezerwowych 02.12.2015.

Wzrost wolumenu operacji na rynkach krajowych oraz pogłębianie się wzajemnych powiązań między nimi w miarę intensyfikacji tendencji do umiędzynarodowienia życia gospodarczego przyczyniło się do *centralizacji światowego rynku walutowego* działającego 24 godziny na dobę. Londyn, Nowy Jork i Tokio są największymi pod względem wielkości węzłami rynku walutowego; Bruksela, Paryż, Frankfurt i Zurych są również głównymi węzłami w Europie; Singapur i Hongkong w Azji.

Obecnie głównym trendem na rynku walutowym jest wzrost liczby transakcji terminowych - umów na przyszłą dostawę waluty po kursie ustalonym w momencie zawierania transakcji (swapów, opcji, kontraktów terminowych), co niezmiennie generuje spekulacje.

System walutowy Republiki Białoruś jest historycznie ustaloną formą organizacji stosunków walutowych kraju, które są ustalone przez ustawodawstwo krajowe (głównie przez ustawę "O regulacji dewizowej i kontroli dewizowej") z uwzględnieniem norm prawa międzynarodowego [5].

Główne organy regulacji i kontroli dewizowej w Republice Białoruś są następujące:

Rada Ministrów (przyjmuje regulacyjne akty prawne zawierające normy prawa dewizowego, współdziała z Narodowym Bankiem i wykonuje inne uprawnienia przewidziane w ustawie);

Bank Narodowy (ustala oficjalne kursy rubla białoruskiego; tworzy i zarządza rezerwami złota i dewizowymi; ustanawia procedurę otwierania, prowadzenia i zarządzania rachunkami mieszkańców i nierezydentów w walucie białoruskiej i obcej; ustanawia procedurę przeprowadzania transakcji walutowych, zasady handlu dewizowego; wydaje zezwolenia na transakcje walutowe; wykonuje inne uprawnienia przewidziane prawem);

Państwowy Komitet Celny i Państwowy Komitet Kontroli (kontrolują wykonywanie przez rezydentów i nierezydentów operacji walutowych, kompletność i wiarygodność rachunkowości i sprawozdawczości w zakresie operacji walutowych, legalność pochodzenia walutowych przedmiotów wartościowych, wykonują inne organy przewidziane w przepisach).

Priorytetowymi obszarami regulacji dewizowej w Republice Białorusi są: stabilizacja rynku walutowego i zapewnienie stabilności rubla białoruskiego; wspieranie wzrostu gospodarczego kraju[5].

3.8 Bilans płatniczy

Bilans Płatniczy jest wyrazem wartości całego kompleksu międzynarodowych stosunków gospodarczych kraju w postaci stosunku wpływów i płatności, tzn. Bilans Płatniczy reprezentuje stosunek płatności przychodzących do kraju z zagranicy do płatności dokonywanych przez kraj za granicą w określonym okresie czasu (miesiąc, kwartał, półrocze, rok).

Bilans płatniczy odzwierciedla wyniki działalności gospodarczej kraju, w tym również zagranicznej:

– płatności za transakcje handlu zagranicznego związane z zakupem i sprzedażą towarów (w tym naprawy środków trwałych);

– płatności za usługi międzynarodowe (transport międzynarodowy i podróże, komunikacja, informacja, ubezpieczenia, budownictwo, usługi finansowe, usługi biznesowe, płatności z tytułu praw autorskich);

– płatności za operacje niehandlowe (utrzymanie ambasad, przedstawicielstw i jednostek wojskowych, misji specjalistycznych, turystyki);

– płatności w formie odsetek od pożyczek i dochodów z inwestycji kapitałowych.

Płatności w ramach podręcznika bilansu płatniczego i międzynarodowej pozycji inwestycyjnej opracowanego przez Międzynarodowy Fundusz Walutowy (MFW) są rejestrowane na zasadzie podwójnego zapisu:

– Wpływy pieniężne do kraju są ujmowane w pozycjach bilansów kredytowych (na rachunkach pasywów ze znakiem "plus" i na rachunkach aktywów ze znakiem "minus");

– środki opuszczające kraj są wykazywane w pozycjach bilansu debetowego (ze znakiem "minus" na rachunkach pasywów oraz ze znakiem "plus" na rachunkach aktywów).

Różnica pomiędzy zagregowanymi wynikami pozycji kredytowych i debetowych to bilans płatniczy.

Oprócz bilansu płatniczego sporządza się bilans *międzynarodowych aktywów i pasywów,* który zawiera informacje o przepływach aktywów o wyjątkowej wartości pomiędzy krajami, odzwierciedlający międzynarodową sytuację finansową kraju w kategoriach zapasów. System międzynarodowych sald aktywów i pasywów opiera się na dwóch sekcjach:

– rachunek bieżący obejmujący operacje o wartości ekonomicznej według głównych grup klasyfikacyjnych: towary, usługi, dochody (z inwestycji i kredytów międzynarodowych), transfery;

– kapitał i rachunek finansowy, obejmujący wskaźnik importu/eksportu kapitału publicznego i prywatnego, nabycie/sprzedaż wartości niematerialnych i prawnych (patenty, leasing) oraz otrzymane/udzielone pożyczki, inwestycje pozyskane/inwestowane [11].

Państwowa regulacja bilansu płatniczego obejmuje całość środków ekonomicznych (w tym walutowych, finansowych i pieniężnych) mających na celu stworzenie głównych pozycji bilansu płatniczego oraz pokrycie istniejącego salda ujemnego, do którego się odnoszą:

dla krajów objętych bilansem płatniczym

– stymulowanie eksportu, ograniczające import towarów poprzez dewaluację (deprecjację waluty krajowej);

– przyciąganie obcego kapitału;

– polityki deflacyjne mające na celu ograniczenie popytu na rynku krajowym (np. ograniczenie wydatków budżetowych, zamrożenie płac, ograniczenia w dostępie do kredytu i zmiany stopy dyskontowej);

– ograniczenia walutowe;

– wsparcie finansowe i kredytowe dla eksporterów;

– środki protekcjonistyczne, które ograniczają importerów;

– aby uzyskać preferencyjne pożyczki;

– korzystanie z oficjalnych rezerw walutowych;

dla krajów z nadwyżkami

– przeszacowanie waluty;

– zwiększenie importu i ograniczenie eksportu;

– wzrost eksportu kapitału;

– aktywne udzielanie pożyczek w obcych krajach;

– ograniczające operacje w handlu zagranicznym;

– uzupełnianie zapasów złota i walut obcych.

3.9 Regulacja handlu krajowego i międzynarodowego

Wraz z rozwojem gospodarki międzynarodowej i handlu międzynarodowego, polityka handlu zagranicznego państw nabiera szczególnego znaczenia.

Polityka handlu zagranicznego jest systemem zasad i metod państwowych regulujących stosunki handlowe z innymi państwami (racjonalizacja struktury eksportu/importu oraz kierunków przepływu towarów/pieniądza).

W zależności od zakresu regulacji rządowych dotyczących handlu międzynarodowego, główne *polityki handlu zagranicznego* różnią się od siebie:

1. *Mercantylizm* to polityka mająca na celu stymulowanie eksportu do przekraczania importu, aby przyciągnąć do kraju pieniądze (nie stosowana w nowoczesnej praktyce handlu zagranicznego).

2. *Protekcjonizm* jest polityką mającą na celu wspieranie rozwoju gospodarki krajowej i ochronę jej przed konkurencją zagraniczną poprzez tworzenie barier (przy użyciu metod taryfowych i pozataryfowych).

3. *Wolny handel (freeriding, liberalizm)* - polityka, która zakłada brak ograniczeń w handlu między państwami, podmiotami gospodarczymi, osobami fizycznymi i prawnymi, czyli wyrównywanie warunków ekonomicznych dla podmiotów krajowych i zagranicznych.

Regulacja celna i taryfowa jest zbiorem organizacyjnych, ekonomicznych (taryfowych) i administracyjnych (pozataryfowych) środków regulacji państwa określających priorytety, sposoby i środki realizacji celów w sferze transgranicznego przepływu towarów i pojazdów.

Rządowa regulacja działalności w zakresie handlu zagranicznego opiera się na stosowaniu *taryfowych i pozataryfowych ograniczeń w handlu (instrumentów).*

Taryfa celna - usystematyzowany zbiór stawek celnych stosowanych do towarów (i środków transportu) przewożonych przez granicę celną państwa.

Cło jest obowiązkową składką (płatnością, podatkiem) pobieraną przez organy celne danego kraju przy przywozie towarów na jego obszar celny lub ich wywozie z tego obszaru i stanowi niezbędny warunek importu/wywozu.

Kwota należności celnych jest określana przez taryfę celną, która zawiera wykazy towarów podlegających należnościom celnym. W przeciwieństwie do taryf celnych, cła są wykorzystywane przede wszystkim jako źródło dochodów budżetowych, a nie jako środek ochrony krajowych producentów przed zagraniczną konkurencją.

Obowiązki celne pełnią następujące funkcje:

– *podatkowych* (podatkowych), przewidujących uzupełnienie budżetu państwa;

– *stabilizujące*, zapewniające wyrównanie warunków konkurencji pomiędzy towarami krajowymi i importowanymi na rynku krajowym kraju importu;

– *protekcjonistyczny* (ochronny), który zapewnia ochronę krajowych producentów przed zagranicznymi konkurentami;

– *Bilansowanie*, które przewiduje zapobieganie wywozowi towarów niezbędnych strategicznie na rynku krajowym lub towarów, dla których ceny na rynku międzynarodowym są niższe od cen na rynku krajowym, tj. zapewnienie racjonalizacji struktury towarowej importu i eksportu;

– *stymulowanie*, poprawa komponentu modernizacyjnego i innowacyjnego gospodarki, utrzymanie niezbędnego poziomu atrakcyjności inwestycyjnej branż lub produkcji.

Instrumenty taryfowe zagranicznej polityki handlowej obejmują cła importowe, eksportowe i tranzytowe.

Pozataryfowe instrumenty zagranicznej polityki handlowej obejmują metody parataryfowe (wzajemne), środki kontroli cen (dumping, cła antydumpingowe), środki finansowe (stawki autonomiczne, konwencjonalne i preferencyjne), licencjonowanie, kontrolę ilościową (kontyngenty, embarga), monopolizację, bariery techniczne (świadectwa jakości, normy sanitarne, standardowe wymogi, opakowania, etykietowanie). Zgodnie z metodologią WTO środki pozataryfowe są podzielone na główne grupy:

– ograniczenia ilościowe w wywozie i przywozie;

– formalności celne i administracyjne związane z wywozem i przywozem;

– normy i wymagania dotyczące jakości produktów;

– ograniczenia nałożone przez mechanizm płatności;

– udział państwa w operacjach handlu zagranicznego.

3.10 Międzynarodowe organizacje handlowe i gospodarcze

Handel międzynarodowy oraz międzynarodowe stosunki handlowe i gospodarcze są regulowane przez międzynarodowe organizacje handlowe i gospodarcze.

Od 01.01.1948 r. funkcjonuje *Układ Ogólny w sprawie Taryf Celnych i Handlu (GATT - GATT), którego* głównym celem jest wspieranie rozwoju i liberalizacji międzynarodowych stosunków handlowych: likwidacja ograniczeń celnych; likwidacja wszelkich form dyskryminacji; wzrost produkcji, wymiany handlowej, zatrudnienia; wzrost realnych dochodów i popytu; efektywne wykorzystanie surowców.

Działania GATT opierały się na następujących zasadach:

– równy system handlowy dla wszystkich państw członkowskich;

– obniżenie opłat celnych i wyeliminowanie możliwości ich nieuzasadnionego i nieskoordynowanego zwiększenia;

– zniesienie kontyngentów przywozowych;

– usunięcie barier w wymianie towarów i usług rolnych;

– ustanawiające specjalne zasady regulujące międzynarodowy handel wyrobami włókienniczymi i odzieżowymi;

– zniesienie ograniczeń w zakresie inwestycji zagranicznych;

– międzynarodowa ochrona patentowa, prawa autorskie, prawa do znaków towarowych;

– rozwój handlu oparty na uczciwej konkurencji;

– zawarcie regionalnych umów handlowych.

Światowa Organizacja Handlu (WTO), międzynarodowa organizacja gospodarcza zatwierdzona na podstawie Porozumienia z Marrakeszu z 1994 roku, działa od 01.01.1995 roku. (w wyniku negocjacji Rundy Urugwajskiej 1986-1994), która dotyczy wielostronnej regulacji handlu towarami (środki taryfowe i pozataryfowe), usługami i własnością intelektualną, ma status osoby prawnej.

WTO jest następcą GATT i opiera się na Układzie ogólnym w sprawie taryf celnych i handlu (GATT - GATT). General Agreement on Trade in Services (GATS - GATS), Agreement on Trade-Related Aspects of Intellectual Property Rights (TRIPS).

Dokumenty WTO są wykorzystywane jako podstawa do opracowywania i praktycznego stosowania krajowych przepisów ustawowych i wykonawczych w dziedzinie handlu. Kraje członkowskie WTO uczestniczą obecnie w regulacji ponad 97% całego handlu światowego [31].

Główne zasady działalności WTO są następujące:

– wzajemne zapewnienie najbardziej uprzywilejowanego traktowania narodów w handlu;

– Wzajemne zapewnianie traktowania narodowego towarów i usług pochodzenia zagranicznego;

– regulacja handlu metodami taryfowymi;

– odmowa stosowania ograniczeń ilościowych i innych;

– rozwiązywanie sporów handlowych w drodze konsultacji i negocjacji.

Jest to funkcja WTO:

– monitorowanie realizacji umów i ustaleń;

– prowadzenie wielostronnych negocjacji i konsultacji handlowych;

– rozwiązywanie sporów handlowych;

– monitorowanie krajowej polityki handlowej;

– Pomoc techniczna dla państw rozwijających się;

– współpraca z międzynarodowymi organizacjami specjalistycznymi.

W 1964 r. ustanowiono *Konwencję Narodów Zjednoczonych o handlu i rozwoju (UNCTAD - UNCTAD) jako* organ Zgromadzenia Ogólnego Narodów Zjednoczonych otwarty dla państw członkowskich, wyspecjalizowanych agencji ONZ oraz Międzynarodowej Agencji Energii Atomowej (MAEA), którego głównym celem jest opracowanie wspólnych zasad handlu i polityki, których decyzje nie są prawnie wiążące (w przeciwieństwie do decyzji WTO).

UNCTAD wykonuje następujące funkcje:

– promowanie handlu międzynarodowego, w szczególności między krajami rozwiniętymi a rozwijającymi się;

– opracowanie zaleceń dotyczących rozwoju międzynarodowych stosunków gospodarczych;

– Rządy i regionalne organizacje gospodarcze harmonizują politykę handlową i związane z nią aspekty rozwoju gospodarczego;

– koordynacja innych agencji Organizacji Narodów Zjednoczonych zajmujących się kwestiami handlu międzynarodowego.

W 1952 r. *Międzynarodowa Organizacja Celna (WCO)* została utworzona jako *Rada Współpracy Celnej (CCC).*

Główne cele TRP są następujące:

– Opracowanie i rozpowszechnianie wspólnych zasad celnych w celu przyspieszenia handlu międzynarodowego;

– ujednolicenie i ułatwienie przepływu towarów i osób fizycznych przez granice celne, przy jednoczesnym zapewnieniu funkcji kontrolnych i podatkowych organów celnych;

– opracowywanie zaleceń dotyczących interpretacji i stosowania umów, konwencji, rewizji i aktualizacji dokumentów oraz ich dostosowywania do zmian w gospodarce międzynarodowej.

W 1919 r. *Międzynarodowa Izba Handlowa (ICC)* została założona jako pozarządowa organizacja przedsiębiorców prywatnych.

Głównymi celami MTK są:

– Promowanie przedsiębiorczości poprzez wspieranie handlu, inwestycji i otwartych rynków, swobodnego przepływu kapitału;

– Podjęcie skutecznych i spójnych środków gospodarczych i prawnych w celu wspierania harmonijnego rozwoju i wolności handlu międzynarodowego;

– aby chronić system prywatnego przedsiębiorstwa.

MTK ma status doradczy przy ONZ w celu reprezentowania poglądów środowisk biznesowych w krajach rozwiniętych i rozwijających się; utrzymuje stosunki z głównymi międzyrządowymi i pozarządowymi międzynarodowymi organizacjami gospodarczymi.

TEMAT 4 FIRMY MIĘDZYNARODOWE. TNK & IOC

"Korporacje nie są zorganizowane racjonalnie.

To kolekcja ego.

Wiedząc jak pracować w otoczeniu tych egoistów

- bardzo ważną sztukę."

J. Pstrąg.

4.1 Firmy międzynarodowe jako stowarzyszenia podmiotów gospodarczych.
4.2 Korporacje transnarodowe (TNK).
4.3 Międzynarodowe korporacje międzynarodowe (MNC) i międzynarodowe sojusze strategiczne (ISA).

4.1 Przedsiębiorstwa międzynarodowe jako stowarzyszenia przedsiębiorców

Spółki międzynarodowe (korporacje) to korporacyjne stowarzyszenia podmiotów gospodarczych, które monopolizują produkcję danego produktu i na tej podstawie dzielą się głównymi międzynarodowymi rynkami, źródłami surowców i zastosowaniami kapitałowymi (tabela 4.1).

Tabela 4.1 - Rodzaje przedsiębiorstw międzynarodowych.

Kryteria klasyfikacji	**Główne rodzaje spółek międzynarodowych**
Przez różnice ustawowe	• międzynarodowego kartelu; • międzynarodowy syndykat; • międzynarodowego zaufania; • międzynarodowego koncernu.
Według źródeł powstawania zasobów	• korporacje transnarodowe (TNC); • międzynarodowe korporacje (MNC); • Międzynarodowe sojusze strategiczne (ISA).
Według obszaru działalności	• olej; • bankowość; • Górnictwo; • Detaliści; • farmaceutyczny; • chemikalia; • Budowa; • transport; • finansowe i przemysłowe; • nauka i technologia; • sprzedaż i serwis.

Międzynarodowy kartel reprezentuje stowarzyszenie przedsiębiorstw, najczęściej działających w tej samej branży, w którym członkowie różnych państw, zachowując niezależność prawną, finansową, przemysłową i handlową, zawierają porozumienie w sprawie kwot (wielkości produkcji i sprzedaży, czyli udziału każdego z uczestników w produkcji i sprzedaży towarów), podziału rynków oraz ustalenia jednolitych cen sprzedawanych towarów. Kartel charakteryzuje się pewną formą zmowy uczestniczących w nim przedsiębiorstw, której celem jest całkowite lub częściowe zniszczenie konkurencji poprzez koordynację.

Międzynarodowe konsorcjum to związek producentów z różnych krajów, którzy zachowują niezależność prawną i produkcyjną, związany umową o utworzeniu jednej organizacji sprzedaży (uczestnicy nie mają prawa do samodzielnej sprzedaży swoich towarów na rynkach zagranicznych). Co do zasady, w skład konsorcjum wchodzą przedsiębiorstwa produkujące masowo podobne towary.

Międzynarodowy Fundusz Powierniczy (International Trust) łączy własność wszystkich przedsiębiorstw jednej lub kilku powiązanych branż na zasadzie zarządzania powierniczego (uczestnicy - właściciele przedsiębiorstw uzyskują zysk jako udziałowcy z kwoty zainwestowanego kapitału). Cechą charakterystyczną jest podział środków w kapitale statutowym: fundusze należące do spółki - właścicieli przedsiębiorstw (kapitał zakładowy) oraz fundusze przyjęte do zarządzania powierniczego (fundusze gwarantowane).

Koncern międzynarodowy - stowarzyszenie przedsiębiorstw z różnych krajów o różnych branżach, transporcie, handlu, bankach, firmach ubezpieczeniowych podporządkowanych jednemu centrum finansowemu, w którym skoncentrowane są pakiety kontrolne. Jako stowarzyszenie monopolistyczne, troska ta charakteryzuje się jednością własności i kontroli, produkcją i powiązaniami technologicznymi pomiędzy uczestniczącymi przedsiębiorstwami.

Korporacje wielonarodowe (*KTN*) to przedsiębiorstwa posiadające jeden rdzeń kapitału własnego i kontroli zarządzania na rynku międzynarodowym (tj. wielonarodowe pod względem zaangażowanego kapitału i kontroli oraz międzynarodowe pod względem działalności).

Korporacje wielonarodowe (*PCN*) - spółki (*PCN* - przedsiębiorstwa wielonarodowe) lub przedsiębiorstwa (*PWN* - przedsiębiorstwa wielonarodowe), które posiadają aktywa produkcyjne, handlowe i inne aktywa generujące przychody w wielu krajach (tj. międzynarodowe pod względem zaangażowanego kapitału, kontroli i zakresu działalności).

Międzynarodowe sojusze strategiczne (*ISA*) - współpraca produkcyjna lub konsolidacja potencjału naukowego i technologicznego różnych KTN i IOC (w oparciu o porozumienia bez wzajemnej absorpcji) w celu poprawy efektywności biznesowej, minimalizacji kosztów transakcji i osiągnięcia przewagi konkurencyjnej.

Ewolucja korporacji międzynarodowych jest zdeterminowana przez rozwój międzynarodowej migracji kapitału:

– pod koniec XIX i na początku XX wieku. - tworzenie międzynarodowych firm (w postaci karteli i syndykatów) na bazie lokowania kapitału w krajach kolonialnych - źródła surowców i taniej siły roboczej (główna działalność: rozwój (produkcja) surowców w koloniach oraz przetwórstwo surowców w obszarach metropolitalnych);
– Lata 20. - 40. XX wieku. - tworzenie i rozwój trustów skupiających się na kompleksie wojskowo-przemysłowym i zamówieniach wojskowych (główna linia biznesowa: produkcja broni i sprzętu wojskowego);
– Lata 50. - 60. XX wieku. - rozwój koncernów, KTN stają się generatorami i rozpowszechniaczami osiągnięć naukowych i technicznych (główny obszar działalności: energetyka jądrowa, elektronika, przestrzeń kosmiczna, oprzyrządowanie);

– Lata 70. - koniec XX wieku. - Tworzenie IOOC, przyspieszenie fuzji i przejęć KTN pod wpływem postępu naukowego i technologicznego, intensyfikacja procesów integracyjnych i rosnąca konkurencja;
– pod koniec dwudziestego wieku. - na początku XXI wieku. - tworzenie MCA, globalizacja działalności, stale rosnąca i pogłębiająca się wymiana handlowa i gospodarcza, finansowa i dewizowa, naukowa i techniczna oraz produkcyjna sieć komunikacji wewnętrznej i międzykorporacyjnej TNK (główna działalność: nauka, biznes innowacyjny).

4.2 Korporacje transnarodowe

Tworzenie korporacji transnarodowych (KTN) opiera się na procesach *koncentracji i centralizacji produkcji i kapitału,* początkowo w ramach gospodarek narodowych, następnie na *umiędzynarodowieniu produkcji i kapitału* poprzez rozwój sił produkcyjnych rosnących ponad granicami państw i *nasilającą się konkurencję.*

Źródłem kapitału zgromadzonego przez korporacje międzynarodowe są banki komercyjne, krajowe i międzynarodowe giełdy papierów wartościowych (rynki papierów wartościowych), organizacje rządowe i ich własne dochody.

TNK jest dużym stowarzyszeniem, które stosuje międzynarodowe podejście do swojej działalności gospodarczej: tworzenie i rozwój międzynarodowego kompleksu produkcyjnego, handlowego i finansowego z jednym centrum decyzyjnym w kraju macierzystym oraz oddziałami, przedstawicielstwami i filiami w innych krajach.

Cechy wyróżniające TNK:

po pierwsze, obecność aktywów za granicą utworzonych na bazie inwestycji bezpośrednich;

Po drugie, połączenie zarządzania scentralizowanego z pewnym stopniem niezależności uczestników, osób prawnych i jednostek strukturalnych zlokalizowanych w różnych krajach: oddziały, przedstawicielstwa, filie (firmy stowarzyszone).

Następujące kryteria są generalnie stosowane do klasyfikacji korporacji jako wielonarodowych:
– liczba krajów, w których działa korporacja (co najmniej pięć);
– liczba krajów, w których znajdują się zakłady produkcyjne korporacji (co najmniej trzy);
– wiodąca pozycja na kluczowym rynku;

– udział operacji zagranicznych w przychodach lub sprzedaży przedsiębiorstwa (co najmniej jeden kwartał);
– międzynarodowego personelu i wyższej kadry kierowniczej korporacji.

W strukturze organizacyjnej wyróżnia się następujące typy KTN:

– zintegrowane poziomo KTN - zarządzają jednostkami znajdującymi się w różnych krajach i produkującymi te same lub podobne towary;
– zintegrowane pionowo KTN - zarządzają jednostkami w danym kraju, które produkują towary dostarczane do swoich jednostek w innych krajach;
– Zdywersyfikowane PCSS - zarządzanie jednostkami zintegrowanymi poziomo i pionowo.

Zalety TNK:
– kontrola rynków międzynarodowych i realny udział w podziale gospodarczym świata w wyniku przejęcia dużej części produkcji towarów w innych krajach;
– Możliwość pełniejszego wykorzystania międzynarodowego podziału pracy, rozszerzenia współpracy międzynarodowej w zakresie produkcji, wykorzystania zasobów naturalnych i ludzkich oraz potencjału naukowego i technicznego innych krajów;
– możliwość obniżenia kosztów produkcji poprzez koordynację działalności gospodarczej przede wszystkim w regionach o taniej sile roboczej i surowcach;
– penetracja rynków zagranicznych, omijając bariery celne, poprzez tworzenie kompleksów produkcyjnych w krajach przyjmujących;
– Dostosowywanie programów produkcji i sprzedaży do specyficznych warunków różnych rynków krajowych poprzez oparcie się na oddziałach i filiach zlokalizowanych w poszczególnych krajach.

Kluczowe zagrożenia dla rozwoju TNK:

– monopolizacja lokalnych rynków,
– Utrata suwerenności przez małe państwa (ze względu na siłę finansową KTN i wpływowe wsparcie polityczne);
– Wielonarodowe korporacje przejmują najbardziej rozwinięte i obiecujące segmenty produkcji przemysłowej i struktury badawcze kraju przyjmującego, odsuwając od siebie krajowy biznes;
– problemy środowiskowe związane z przenoszeniem "brudnych" operacji TNK do krajów ubogich, nieprzestrzeganiem przepisów o ochronie środowiska i zanieczyszczeniem środowiska.

Międzynarodowe kodeksy postępowania TNK, przyjęte przez ONZ, określają szczegółowe zasady i normy regulujące działalność międzynarodową.

4.3 Przedsiębiorstwa wielonarodowe (ISC) i międzynarodowe sojusze strategiczne (ISA)

– Spośród 100 największych gospodarek świata 52 to IOC, a pozostałe to gospodarki krajowe;

– Ponad 2/3 handlu zagranicznego i około 1/2 światowej produkcji przemysłowej przypada na ISC;

– Wielkość sprzedaży LZO stanowi 25 % całkowitej sprzedaży na świecie, przy czym 1/3 jego produktów jest wytwarzana przez zagraniczne struktury powiązane (wielkość sprzedaży zagranicznych struktur LZO przewyższa światowy eksport);

– IOOC kontroluje niektóre rynki międzynarodowe: 90% światowego rynku pszenicy, kawy, kukurydzy, drewna, tytoniu i rudy żelaza, 85% miedzi i boksytu, 80% herbaty i cyny, 80% własności intelektualnej (innowacje technologiczne i know-how), 75% ropy naftowej, kauczuku naturalnego i bananów;

– banki międzynarodowe (jako wielonarodowe struktury finansowe), dominujące na krajowych i międzynarodowych rynkach finansowych, są w stanie zmienić wzajemny parytet dwóch dowolnych walut krajowych;

– IOOC kontrolują 90% BIZ, o łącznej wartości 5 ≈bilionów dolarów, i koncentrują 50% światowych aktywów zagranicznych;

– W przedsiębiorstwach IOC pracuje ponad 73 miliony ludzi, wytwarzając produkty o wartości ponad 1 biliona dolarów rocznie (łącznie z branżami powiązanymi, IOC zapewniły pracę 150 milionom ludzi).

– Niektóre IOOC mają monopolistyczną władzę i przekraczają wielkość rocznego obrotu w krajach formalnego powiązania.

Cechy działalności IOOC są zdeterminowane przez następujące cechy:

– stworzenie systemu produkcji międzynarodowej opartego na lokalizacji oddziałów, filii i biur w krajach świata;

– uzyskanie wyłącznego prawa do eksploatacji źródeł taniego surowca i taniej siły roboczej;

– Zapewnienie wykształconej i wykwalifikowanej siły roboczej, zaawansowanych technologii oraz najlepszych praktyk organizacyjnych i zarządczych;

– Wewnątrzzakładowa produkcja międzynarodowa oparta na zmodernizowanym (wewnątrzzakładowym) podziale pracy;

– wykorzystanie różnic w przepisach podatkowych, które pozwalają na legalne uchylanie się od płacenia podatków;

– Wykorzystywanie różnic w standardach ochrony środowiska do przenoszenia zanieczyszczających gałęzi przemysłu do krajów rozwijających się;

– stymulowanie popytu poprzez przywództwo technologiczne i możliwości finansowe w celu stworzenia i promowania innowacyjnego produktu;

– korzystanie z możliwości omijania barier taryfowych i pozataryfowych;

– globalizacja działalności i rozwój nowych rynków o wysokiej wydajności;

– zmiany w charakterze handlu zagranicznego, rozwój cen wewnątrz przedsiębiorstwa (transferowych);

– wykorzystanie racjonalnej struktury organizacyjnej i zarządzania.

Istnieją najbardziej znane ratingi największych międzynarodowych firm na świecie: magazyn Fortune Global (ranking firm niefinansowych według aktywów, kapitału własnego, zysku osiągniętego w ciągu roku i dochodów z inwestycji) oraz gazeta Financial Times (ranking wszystkich firm (w tym finansowych) według wartości aktywów), magazyn Forbes (ranking najbardziej wpływowych firm na świecie według znaczenia i wpływu na światową gospodarkę przemysłową).

Obecnie, według magazynu Fortune Global, istnieje 63 tys. międzynarodowych korporacji z 850 tys. oddziałów zagranicznych, w tym:

- 49.000 spółek dominujących w krajach rozwiniętych;
- 11.000 w krajach rozwijających się;
- 3 tys. - w państwach o gospodarce tranzytowej (przejściowej) (tabela 4.2).

Tabela 4.2 - Struktura ISC w gospodarce międzynarodowej.

Struktura sektorowa MNC		**Udział IOOC w gospodarce międzynarodowej**	
Przemysł	**Ilość**	**Obszar działalności**	**Ciężar właściwy (%)**
Elektronika	17	Przemysł	60%
Przemysł chemiczno-farmaceutyczny	16		
Przemysł motoryzacyjny	14	Usługi	37%
Produkcja i rafinacja ropy naftowej	11		
Przemysł spożywczy	10	Przemysł wydobywczy i rolnictwo	3%
Usługi telekomunikacyjne	6		

Źródło: [34]

Wpływ ISC na rozwój gospodarki międzynarodowej przejawia się w następujących kierunkach:

Po pierwsze, pełnią one rolę regulatora produkcji i dystrybucji: dynamiki i struktur; decydują o poziomie konkurencyjności;

Po drugie, kontrolują one międzynarodowe przepływy kapitału (bezpośrednie inwestycje zagraniczne);

Po trzecie, promują one rozwój nowszych produktów, tworzenie i transfer technologii i wiedzy oraz koncentrują badania i rozwój;

Po czwarte, są czynnikiem wpływającym na międzynarodową migrację zarobkową.

Dążenie międzynarodowych korporacji do wyższości w walce konkurencyjnej, do wywierania wiodącego wpływu na kształtowanie się rynków i sytuacji rynkowej określiło występowanie ***międzynarodowych sojuszy strategicznych (ISA)*** - poufnych, długoterminowych, wzajemnie korzystnych porozumień pomiędzy niezależnymi firmami z różnych krajów w zakresie współpracy w dziedzinie badań i rozwoju, produkcji i rozwoju technologicznego.

Cechą charakterystyczną ISA jest zachowanie pełnej niezależności prawnej i ekonomicznej uczestników, możliwość członkostwa w kilku strategicznych sojuszach.

Rozróżnia się *główne rodzaje międzynarodowych sojuszy strategicznych*:

- w sprawie mechanizmu stowarzyszenia i współpracy (rejestracja prawna)

– sojusz opierający się na zawieraniu umów o współpracy (kontraktów) lub nieformalnych interakcjach (bez dokumentacji);

– sojusz oparty na wymianie akcji lub wspólnym przedsiębiorstwie;

- kierunek działalności

– Sojusze *typu horyzontalnego* tworzone są przez firmy tego samego poziomu, które działają w tej samej branży lub świadczą te same usługi (np. sojusz między Deutsche Telecom, France Telecom i Sprint (USA); sojusz Toshiba-IBM, MAZ-MAN);
– sojusze *typu pionowego* są tworzone z dostawcami czynników produkcji (surowców, komponentów) lub konsumentami produktów;
– sojusze firm produkujących i dostarczających *uzupełniające towary i usługi* (głównych przewoźników lotniczych z lokalnymi regionalnymi liniami lotniczymi);

- ze względu na charakter działalności

– otwarte (zapowiadające współpracę);

– zamknięte (nie zgłaszające współpracy);

- według liczby uczestników (dwu- i wielostronnych);

- pod względem czasu trwania współpracy (krótko- i długoterminowa).

Narodowa strategia zrównoważonego rozwoju społeczno-gospodarczego Republiki Białorusi na okres do 2030 roku przewiduje intensyfikację działalności białoruskich podmiotów gospodarczych przy wchodzeniu do spółek międzynarodowych [4].

TEMAT 5: MIĘDZYNARODOWA INTEGRACJA GOSPODARCZA

"Na przestrzeni wieków, wymiana, lub, jeśli chcesz,

gospodarkę rynkową, ...niedoskonałą, przerywaną,

ale ona już się narzuca i jest zdecydowanie rewolucyjna."

Ф. Brodel

5.1 Istota, warunki wstępne, tendencje w międzynarodowej integracji gospodarczej.
5.2 Etapy (formy) integracji.
5.3 Główne międzynarodowe stowarzyszenia integracyjne.
5.4 Białoruś w warunkach stowarzyszeń integracyjnych.

5.1 Istota, warunki wstępne, tendencje w międzynarodowej integracji gospodarczej

Główną cechą charakterystyczną współczesnego międzynarodowego rozwoju gospodarczego są ***procesy integracyjne*** (*lat. integratio* - kompensacja, kształtowanie integralności) na różnych poziomach i w różnych formach, które determinują umiędzynarodowienie życia gospodarczego, jednoczenie i interakcję, wzajemną adaptację i przenikanie się społecznych i ekonomicznych struktur i funkcji w oparciu o międzynarodowy podział pracy [17, s. 314].

Celem międzynarodowej integracji gospodarczej jest *osiągnięcie bezpieczeństwa politycznego i gospodarczego* oraz wykorzystanie *wspólnego rynku* (stworzenie wspólnej przestrzeni gospodarczej, w której zapewniony jest swobodny przepływ czynników produkcji (kapitału i pracy), towarów i usług).

Jakościowe oznaki integracji gospodarczej są:

– przezwyciężenie izolacji ekonomicznej, a mianowicie: przeplatania się krajowych kompleksów gospodarczych uczestników i ich zaangażowania w jeden proces reprodukcyjny z transferem zagranicznych stosunków gospodarczych w obrocie wewnątrzgospodarczym;

– Umiędzynarodowienie produkcji (specjalizacja i współpraca), obejmujące liberalizację produkcji przy jednoczesnej eliminacji narodowych barier protekcjonistycznych;

– Wzmocnienie naukowej i technologicznej interakcji między krajami i firmami korzystającymi z zaawansowanych systemów komunikacji;

– tworzenie i wykorzystywanie jednolitej infrastruktury działalności produkcyjnej oraz promocyjnej i sprzedażowej przedsiębiorstw;

– współzależności przemysłowe, handlowe, finansowe, transportowe i wzajemne połączenia;

– wyższy poziom interakcji organizacyjnej i kierowniczej w ramach edukacji integracyjnej, który określa spójność norm i zasad wymiany gospodarczej oraz zapewnia regulację proporcji i funkcji gospodarczych (dobrowolne przekazywanie niektórych funkcji do ponadnarodowych wspólnych struktur instytucjonalnych);

– koordynacja krajowych interesów uczestników procesów integracyjnych: opracowywanie ogólnych strategii rozwoju, ochrona i wzmacnianie pozycji w walce konkurencyjnej na światowym rynku towarów, usług, kapitału i pracy;

– zrównanie rozwoju gospodarczego krajów uczestniczących.

Integracja gospodarcza - proces porządkowania i łączenia krajowych systemów gospodarczych oraz tworzenia jednego kompleksu gospodarczego w oparciu o głębokie i trwałe relacje, zarówno na poziomie mikro (pomiędzy firmami), jak i makro (pomiędzy państwami).

Warunki i przesłanki integracji są następujące:

– *Gospodarcze i geograficzne:* bliskość terytorialna państw; zasoby, produkcja, komplementarność naukowa i technologiczna; zdolność i możliwość wzajemnego dostosowania;
– *kulturowo-etniczny:* bliskość języka, kultur narodowych, tradycji, obyczajów;
– *historyczne:* wspólne korzenie państwowe, polityczne i gospodarcze;
– *społeczno-polityczne:* wola polityczna przywódców i wola narodów; gotowość do utraty części suwerenności.

Konsekwencje integracji nie mogą być jednoznacznie oszacowane (tabela 5.1).

Tabela 5.1 - Skutki integracji.

Pozytywne skutki integracji	Negatywne skutki integracji
Możliwość wzajemnego uzupełniania się gospodarek krajów uczestniczących (efekt synergii)	Częściowa utrata suwerenności przez kraje uczestniczące
Wspólna Przestrzeń Gospodarcza ma pozytywny wpływ na zadowolenie klientów w ramach stowarzyszenia integracyjnego (większy wybór, lepsza jakość towarów i usług, niższe ceny), chroni producentów w krajach członkowskich przed presją ze strony zewnętrznych konkurentów	Zwiększona konkurencja na rynku krajowym w związku z liberalizacją importu w ramach Wspólnej Przestrzeni Gospodarczej, zagrażająca rozwojowi producentów krajowych
Wspólna przestrzeń rynkowa w granicach stowarzyszenia integracyjnego pozwala na rozwój wspólnych norm i zasad stosunków gospodarczych (tworzenie ponadnarodowych organów ustawodawczych, wykonawczych i sądowych).	Ograniczenie liczby miejsc pracy i wzrost konkurencji na rynku pracy dzięki swobodnemu przepływowi kapitału ludzkiego
Rozwój wzajemnej pomocy gospodarczej i politycznej, osiągnięcie bezpieczeństwa krajów uczestniczących; wspólne rozwiązywanie problemów społeczno-gospodarczych (wyrównywanie poziomów rozwoju gospodarczego)	Konflikt interesów państw członkowskich wynikający z nierównomiernego poziomu rozwoju gospodarek narodowych

Międzynarodowa integracja gospodarcza jest obiektywnym procesem rozwoju wzajemnych powiązań między niektórymi grupami krajów, opartym na wdrażaniu spójnych polityk.

5.2 Etapy (formy) integracji

Integracja jest obiektywnym i czasochłonnym procesem składającym się z szeregu kolejnych kroków.

1. *Preferencyjne umowy handlowe (PTA).* Przewiduje ono bardziej korzystne traktowanie handlu towarami i usługami między państwami członkowskimi, w przeciwieństwie do innych państw spoza tych umów.

2. *Strefa wolnego handlu (FTA).* Przewiduje zniesienie ograniczeń celnych we wzajemnym handlu towarami i usługami między państwami członkowskimi, przy

jednoczesnym utrzymaniu krajowych taryf celnych w stosunkach handlowych z państwami trzecimi (nienależącymi do tego sojuszu). Istnieje potrzeba kontroli celnej na rynku krajowym, ponieważ za pośrednictwem jednego państwa członkowskiego grupy integracyjnej, o niskim poziomie taryf celnych, towary z państw trzecich mogą być wprowadzane do innego państwa członkowskiego, o wyższym poziomie taryf celnych.

3. *Unia Celna (CU).* Przewiduje ona całkowite zniesienie taryf celnych we wzajemnej wymianie handlowej między państwami członkowskimi oraz ujednolicenie ceł (wprowadzenie jednej taryfy celnej i jednego systemu regulacji pozataryfowej) w odniesieniu do państw trzecich, które działają na zewnętrznych granicach Unii.

4. *Wspólny (jednolity) rynek.* Zapewnia swobodę (liberalizację) przepływu towarów, usług i czynników produkcji (kapitału, pracy) pomiędzy krajami integrującymi się. Istnieje potrzeba stworzenia ponadnarodowych organów zbiorowego zarządzania i administracji, ujednolicenia prawa gospodarczego i prawa pracy, systemów podatkowych i bankowych, norm technicznych i wymogów środowiskowych.

5. *Unia Gospodarcza i Walutowa.* Przewiduje on ustanowienie ponadnarodowych organów ustawodawczych, wykonawczych i sądowych; utworzenie jednego centrum emisji, wprowadzenie jednej waluty; koordynację polityki makroekonomicznej i społecznej; oraz ujednolicenie ustawodawstwa (do opracowania projektu ogólnej konstytucji włącznie) w ramach stowarzyszenia integracyjnego.

6. *Sojusz polityczny.* Przewiduje on przeniesienie większości funkcji rządów krajowych państw uczestniczących w programie w ich stosunkach z państwami trzecimi na organy ponadnarodowe oraz realizację wspólnej polityki zagranicznej.

Na każdym etapie integracji usuwane są pewne bariery ekonomiczne (różnice) między krajami uczestniczącymi. Istnieje ponad 80 stowarzyszeń gospodarczych na różnych poziomach integracji i o różnych skutkach, przy czym Unia Europejska (UE) jest przykładem najbardziej kompletnego stowarzyszenia integracyjnego.

5.3 Duże międzynarodowe stowarzyszenia integracyjne

Najbardziej dynamiczne stowarzyszenia integracji regionalnej znajdują się w Europie (UE), Ameryce Północnej (NAFTA), Azji i Pacyfiku (APEC i ASEAN) oraz Ameryce Południowej (MERCOSUR). Kilka krajów jest jednocześnie członkami kilku stowarzyszeń integracji regionalnej.

WE (UE, Unia Europejska) - Unia Europejska jest stowarzyszeniem gospodarczym i politycznym 28 państw europejskich.

Unia została prawnie ustanowiona na mocy Traktatu z Maastricht w 1992 roku. (obowiązujący od 01.11.1993), który realizował cel integracji regionalnej.

Unia Europejska jest podmiotem międzynarodowym, łączącym cechy organizacji międzynarodowej (międzypaństwowej) i państwa (ponadnarodowości), ale nie jest też formalnie: w niektórych kwestiach decyzje są podejmowane przez niezależne organy (instytucje) ponadnarodowe, szereg problemów rozwiązuje się w drodze negocjacji między państwami członkowskimi.

Do instytucji Unii Europejskiej należą: Rada Europejska, Komisja Europejska (rząd), Rada Unii Europejskiej (oficjalna nazwa - Rada, zwana zwykle Radą Ministrów), Trybunał Sprawiedliwości Unii Europejskiej, Europejski Trybunał Obrachunkowy, Europejski Bank Centralny i Parlament Europejski (wybierane co pięć lat przez obywateli UE). W 2012 roku. Unia Europejska otrzymała Pokojową Nagrodę Nobla.

Liczba państw uczestniczących w Unii Europejskiej wzrosła z początkowych sześciu - Belgii, Francji, Niemiec, Włoch, Luksemburga, Holandii i Afryki Zachodniej - do 28 poprzez kolejne rozszerzenia: przystępując do traktatów, państwa ograniczyły swoją suwerenność w zamian za reprezentację w instytucjach unijnych działających we wspólnym interesie.

Etapy tworzenia UE:

- 1951 - podpisanie Traktatu Paryskiego ustanawiającego Europejską Wspólnotę Węgla i Stali (EWWiS).
- 1957 - podpisanie Traktatu Rzymskiego ustanawiającego Europejską Wspólnotę Gospodarczą, czyli Wspólny Rynek (EWG - Europejska Wspólnota Gospodarcza) oraz Euratom - Europejska Wspólnota Energii Atomowej.
- 1965 r. - podpisanie umowy o połączeniu, w wyniku którego utworzono jedną Radę i jedną Komisję dla trzech wspólnot europejskich FSUE, EWG i Euratom (obowiązującą od 01.07.1967 r.).
- 1973 - pierwsze rozszerzenie EWG: przystąpienie Danii, Irlandii, Wielkiej Brytanii.
- 1978 - utworzenie Europejskiego Systemu Walutowego.
- 1979 - pierwsze ogólnoeuropejskie wybory do Parlamentu Europejskiego.
- 1981 - drugie rozszerzenie UES: przystąpienie Grecji.

- 1985 - podpisanie Układu z Schengen.
- 1986 - Trzecie rozszerzenie EWG: przystąpienie Hiszpanii i Portugalii.
- 1986 - Jednolity Akt Europejski, pierwsza duża zmiana traktatów założycielskich UE.
- 1992 - podpisanie Traktatu z Maastricht ustanawiającego Unię Europejską na podstawie Europejskiej Wspólnoty Gospodarczej.
- 1993 - zatwierdzenie kopenhaskich kryteriów członkostwa w UE.
- 1995 - czwarte rozszerzenie: przystąpienie Austrii, Finlandii i Szwecji.
- 1999 - wprowadzenie wspólnej waluty europejskiej, euro (w obiegu gotówkowym od 2002 r.).
- 2004 - piąte rozszerzenie: przystąpienie Republiki Czeskiej, Węgier, Polski, Słowacji, Słowenii, Estonii, Łotwy, Litwy, Cypru, Malty.
- 2007 - podpisanie traktatu reformującego w Lizbonie.
- 2007 - druga fala piątego rozszerzenia: przystąpienie Bułgarii i Rumunii. (50. rocznica UES).
- 2013 г. - Szóste rozszerzenie (dołączyła Chorwacja).

Aby przystąpić do Unii Europejskiej, kraj kandydujący musi spełnić kryteria kopenhaskie przyjęte w czerwcu 1993 r. na posiedzeniu Rady Europejskiej w Kopenhadze i zatwierdzone w grudniu 1995 r. na posiedzeniu Rady Europejskiej w Madrycie. Kryteria te wymagają, aby państwo przestrzegało zasad demokracji, zasad wolności i poszanowania praw człowieka, a także zasady praworządności, aby w kraju istniała konkurencyjna gospodarka rynkowa, aby uznawano wspólne unijne reguły i standardy, w tym przestrzeganie celów unii politycznej, gospodarczej i walutowej.

Obecnie istnieją trzy porozumienia o różnym stopniu integracji w ramach Unii Europejskiej: członkostwo w UE, członkostwo w strefie euro i uczestnictwo w układzie z Schengen. Członkostwo w UE niekoniecznie pociąga za sobą uczestnictwo w układzie z Schengen. Nie wszystkie państwa członkowskie UE są częścią strefy euro. Przykłady o różnym stopniu integracji:

– Zjednoczone Królestwo i Irlandia podpisały układ z Schengen na ograniczonych warunkach członkostwa. Zjednoczone Królestwo nie uznało również za konieczne wejścia do strefy euro;
– Dania i Szwecja postanowiły w referendach zachować swoje waluty krajowe;
– Norwegia, Islandia, Szwajcaria i Liechtenstein nie są członkami UE, ale należą do strefy Schengen.

Traktat lizboński określa warunki i procedurę wycofania się państwa z unii. Grenlandia, autonomiczne terytorium Danii, wycofała się ze Wspólnoty w 1985 r. W 2016 roku. Wielka Brytania ogłosiła swoje wystąpienie z Unii Europejskiej po referendum krajowym.

NAFTA (NAFTA, North American Free Trade Agreement) to Północnoamerykańskie Stowarzyszenie Wolnego Handlu, zrzeszające Kanadę, Meksyk i Stany Zjednoczone. Umowa o utworzeniu została podpisana w dniu 17.12.1992 roku. (weszła w życie 01.01.1994 r.).

Główne cele umowy są następujące:

– usunięcie barier w handlu i ułatwienie swobodnego przepływu towarów i usług między sygnatariuszami:

– ustanowienie warunków uczciwej konkurencji w ramach strefy wolnego handlu;

– znaczny wzrost możliwości inwestycyjnych w krajach członkowskich NAFTA;

– zapewnienie ochrony praw własności intelektualnej w każdym z krajów NAFTA;

– wykonanie niniejszej umowy i jej zastosowanie do rozstrzygania sporów handlowych;

– możliwość rozszerzenia zakresu stosowania niniejszej umowy na nowe państwa członkowskie w przyszłości.

Stowarzyszenie odpowiada za 20% światowego wolumenu handlu. Stwarza ona warunki dla swobodnego przepływu towarów, usług, kapitału i pracy oraz podejmuje działania mające na celu ochronę rynku północnoamerykańskiego przed ekspansją firm azjatyckich i europejskich, które ponownie eksportują swoje towary do Stanów Zjednoczonych przez Meksyk.

W NAFTA (w przeciwieństwie do UE) procesy integracyjne szły od dołu do góry, tj. od chęci współpracy na poziomie mikro (między korporacjami amerykańskimi i kanadyjskimi) do współpracy na poziomie makro. W przeciwieństwie do porozumień leżących u podstaw procesów integracji europejskiej, NAFTA nie obejmuje kwestii społecznych, takich jak zatrudnienie, edukacja i kultura.

Proces przechodzenia na wolny handel w ramach NAFTA był bardzo trudny i trwa. Zniesienie ceł w handlu trwało około 14 lat: od 01.01.2008 r. cła w handlu między Meksykiem a USA oraz między Meksykiem a Kanadą zostały ostatecznie zniesione, jednak część ceł w sferze agrarnej (na mąkę, cukier, produkty mleczne, jaja) jest zachowana.

APEC (ARCES, Azja-Pacyfik Współpracy Gospodarczej) - Azja-Pacyfik Współpracy Gospodarczej: organizacja międzyrządowa skupiająca 21 państw regionu. Utworzony w 1989 r. na wniosek Australii w celu promowania współpracy gospodarczej w basenie Oceanu Spokojnego. Pierwotne członkostwo składało się z 12 krajów: Australii, Brunei, Kanady, Indonezji, Japonii, Malezji, Nowej Zelandii, Filipin, Singapuru, Korei Południowej, Tajlandii, USA. W kolejnych latach dołączyły Chiny, Hong Kong, Tajwan, Meksyk, Chile, Papua-Nowa Gwinea, a w 1998 r. Wietnam, Peru i Rosja.

APEC posiada formalnie status konsultacyjny, ale w ramach swoich organów roboczych określa regionalne zasady dotyczące handlu, inwestycji i działalności finansowej oraz organizuje spotkania ministrów sektorowych i ekspertów ds. współpracy.

Jedną z głównych cech APEC można przypisać:

– Rozwój procesów integracyjnych prowadzonych przez KTN, które stwarzają podstawy dla współpracy międzypaństwowej;

– Integracja krajów o znacznie zróżnicowanym poziomie rozwoju gospodarczego, kulturze i systemach społeczno-politycznych;

– integracja w ramach APEC subregionalnych związków gospodarczych (ASEAN, NAFTA, South Pacific Forum).

APEC odpowiada za około 44% światowego handlu towarami, 33% światowego handlu usługami i 64% światowego eksportu technologii. Udział transakcji wewnątrzregionalnych w ramach APEC dla gospodarek państw członkowskich stanowi 70 % całkowitego handlu zagranicznego (podczas gdy na przykład dla krajów UE wynosi on około 55 %).

Wysokie tempo rozwoju gospodarczego, rosnące wewnątrzregionalne przepływy towarów, usług i kapitału dają podstawy do stwierdzenia, że w XXI wieku. APEC staje się rdzeniem światowego wzrostu gospodarczego.

ASEAN (ASEAN, Stowarzyszenie Narodów Azji Południowo-Wschodniej) - Stowarzyszenie Narodów Azji Południowo-Wschodniej: polityczna, gospodarcza i kulturalna regionalna organizacja międzyrządowa 10 krajów położonych w Azji Południowo-Wschodniej. ASEAN został założony 08.08.1967 w Bangkoku wraz z podpisaniem "Deklaracji ASEAN", lepiej znanej jako "Deklaracja Bangkoku". Traktat o przyjaźni i współpracy w Azji Południowo-Wschodniej oraz Deklaracja Konsensusu ASEAN zostały podpisane na Bali w 1976 roku. ASEAN został poprzedzony organizacją o nazwie Stowarzyszenie Narodów Azji Południowo-Wschodniej - ASA, sojuszem Filipin, Malezji i Tajlandii, który powstał w 1961 roku.

Głównymi celami ASEAN-u były: dążenie elity rządzącej jego członków do skupienia się na budowaniu narodu, ogólny strach przed komunizmem, nieufność wobec wiodących mocarstw zagranicznych w latach 60. oraz chęć rozwoju gospodarczego.

Ludność krajów członkowskich ASEAN-u to około 500 milionów ludzi, a całkowity PKB sięga około 737 miliardów dolarów amerykańskich.

Organem Najwyższym ASEAN jest szczyt przywódców (szefów państw i rządów) państw członkowskich, który odbywa się dwa razy w roku. Szczyt trwa zazwyczaj 3 dni i towarzyszą mu spotkania z partnerami organizacji w regionie. Ministrowie spraw zagranicznych (MSZ) spotykają się kilka razy w roku jako organ zarządzający i koordynujący.

W 2004 r. Rosja przystąpiła do Traktatu o przyjaźni i współpracy w Azji Południowo-Wschodniej (Traktat z Bali), który stworzył warunki konieczne do pogłębienia dialogu rosyjsko-azjatyckiego i udziału w innych grupach integracyjnych, których rdzeniem jest ASEAN.

LAI (Latin American Integration Association) - stowarzyszenie na rzecz współpracy gospodarczej między 13 krajami Ameryki Łacińskiej. Podstawą prawną Stowarzyszenia jest Traktat z Montevideo, podpisany 12.08.1980 roku. (weszła w życie w 1981 r.). Siedziba stowarzyszenia znajduje się w Montevideo (Urugwaj).

Celami LAI są:

– rozwój regionalnej współpracy gospodarczej i handlu;

– aby stworzyć wspólny rynek.

Państwa członkowskie podzielone są na trzy grupy: bardziej rozwinięte (Argentyna, Brazylia, Meksyk), średnie (Chile, Kolumbia, Peru, Urugwaj, Wenezuela) i mniej rozwinięte (Boliwia, Ekwador, Paragwaj). LAI zastąpiło Latynoamerykańskie Stowarzyszenie Wolnego Handlu (LAFTA), które istniało od 1960 roku. Na pewnym etapie LAI w znacznym stopniu przyczyniło się do ustanowienia procesów integracji gospodarczej w Ameryce Łacińskiej poprzez stworzenie międzynarodowych prawnych warunków wstępnych dla powstania i rozwoju największych stowarzyszeń subregionalnych - Wspólnoty Andyjskiej (UA) i MERCOSUR - oraz poprzez przyczynienie się do zawarcia i ujednolicenia dwustronnych umów gospodarczych. Jednakże szereg podstawowych postanowień traktatu z Montevideo, którego ostatecznym celem jest stworzenie wspólnego rynku, w rzeczywistości nie obowiązuje.

MERCOSUR (Mercado Comu'n del Cono Sur - Rynek Krzyża Południowego) to Wspólny Rynek Południa, pakt handlowy stworzony w 1991 roku przez Argentynę, Brazylię, Paragwaj i Urugwaj na mocy Traktatu z Asunción, który został później zmieniony i zaktualizowany w 1994 roku przez traktaty Oru Preto, które określiły strukturę organizacji. Wenezuela dołączyła do MERCOSUR-u od 2006 r. (proces pełnej integracji trwał do 2010 r. wraz z ustanowieniem wspólnych taryf w handlu zagranicznym z MERCOSUR-em).

Strategicznymi celami MERCOSUR-u są:

– utworzenie stowarzyszenia zdolnego do zagwarantowania wzrostu gospodarczego swoich członków w oparciu o intensywną wzajemną wymianę handlową i efektywne wykorzystanie inwestycji;

– Poprawa międzynarodowej konkurencyjności gospodarek subregionu.

Obecnie Mercosur jest największym zintegrowanym rynkiem w Ameryce Łacińskiej, na którym koncentruje się ponad 45 procent ludności (około 300 milionów ludzi), 50 procent łącznego PKB (ponad 1 bilion dolarów), 40 procent bezpośrednich inwestycji zagranicznych, ponad 60 procent łącznego obrotu handlowego wewnątrz regionu i ponad 33 procent obrotu w handlu zagranicznym kontynentu.

W ramach ugrupowania zapewniona jest swobodna migracja kapitału i zasobów ludzkich, obowiązują wspólne taryfy celne na przywóz z państw trzecich, koordynowana jest polityka pieniężna i finansowa, przemysłowa, rolna, transportowa i komunikacyjna polityka rozwoju.

WNP (Wspólnota Niepodległych Państw) - stowarzyszenie integracyjne, którego układ o utworzeniu podpisali przywódcy Białorusi, RSFSR i Ukrainy 18.12.1991 r., później dołączyły do niego inne republiki byłego ZSRR, za wyjątkiem Łotwy, Litwy i Estonii.

WNP składa się z 11 państw: Republiki Azerbejdżanu, Republiki Armenii, Republiki Białorusi, Republiki Gruzji (przed 2008 r.), Republiki Kazachstanu, Republiki Kirgiskiej, Republiki Mołdowy, Federacji Rosyjskiej, Republiki Tadżykistanu, Turkmenistanu, Republiki Uzbekistanu i Republiki Ukrainy [12].

WNP opiera się na zasadach suwerennej równości wszystkich jego uczestników, dlatego też wszystkie państwa członkowskie są niezależnymi podmiotami prawa międzynarodowego. Wspólnota Narodów nie jest państwem i nie posiada ponadnarodowych uprawnień, w tym jednej waluty. Najwyższymi organami organizacji są Rada Szefów Państw WNP (spotyka się dwa razy w roku) oraz Rada Szefów Rządów WNP, w której reprezentowane są wszystkie państwa członkowskie Wspólnoty Narodów i która omawia i rozwiązuje podstawowe kwestie związane z działalnością organizacji [12].

Podczas tworzenia CIS, państwa założycielskie zdefiniowały następujące zadania:

– przeprowadzenie procedury likwidacji ZSRR, podziału spadku po Związku Radzieckim i uzyskania przez każdego uczestnika pełnej suwerenności i uznania międzynarodowego po najniższych kosztach;
– stworzenie wspólnej przestrzeni gospodarczej, naukowej i technicznej, informacyjnej i humanitarnej na bazie byłych republik Związku Radzieckiego, biorąc pod uwagę fakt, że wszyscy członkowie WNP od dawna tworzą jeden kompleks gospodarczy w ramach jednego państwa.

Udział krajów WNP w światowym PKB wynosi mniej niż 5%. Na skutek niespójności w działaniach niektórych państw członkowskich i utrzymujących się istotnych różnic w ich interesach, procesy integracyjne w WNP spowalniają.

Wspólnota Narodów rozwiązała pierwszy problem: powstały nowe państwa. Jednak drugie zadanie - stworzenie funkcjonującej wspólnoty gospodarczej - nie zostało rozwiązane. Jedną z charakterystycznych cech współpracy w ramach CIS jest integracja "wielopoziomowa".

5.4 Białoruś w warunkach stowarzyszeń integracyjnych

Republika Białorusi jest członkiem wielu stowarzyszeń integracyjnych, które powstały w przestrzeni postradzieckiej: WNP, Państwa Związkowego Białorusi i Rosji, EurAzSEC, CSTO i EWEA.

EWEA (Euroazjatycka Unia Gospodarcza) jest międzynarodową organizacją regionalnej integracji gospodarczej posiadającą międzynarodową osobowość prawną. Ustanowiony na mocy Traktatu o Unii Europejskiej w dniu 29.05.2014 r., który wszedł w życie z dniem 1.01.2015 r.

EWEA początkowo składała się z Republiki Białorusi, Republiki Kazachstanu i Federacji Rosyjskiej od 2015 roku. - Republika Armenii i Republika Kirgiska.

Etapy tworzenia EAEC:

- 06.10.2007 - Umowa w sprawie utworzenia jednolitego obszaru celnego i utworzenia unii celnej;
- 09.12.2010 r. - Porozumienie w sprawie skoordynowanej polityki makroekonomicznej (wspólna przestrzeń gospodarcza);
- 18.11.2011 r. - Deklaracja w sprawie Euroazjatyckiej Integracji Gospodarczej (EurAsEC - Euroazjatycka Wspólnota Gospodarcza).
- 01.01.2015 r. - rozpoczęcie działalności EAES.

Cele EWEA są następujące:

– kompleksowa modernizacja, współpraca;
– poprawa konkurencyjności gospodarek krajowych;
– tworzenie warunków dla zrównoważonego rozwoju w celu poprawy poziomu życia ludności państw członkowskich [1].

Euroazjatycka Komisja Gospodarcza jest stałym regulatorem EWEA.

Zgodnie z umową na terytorium EWEA zapewniony jest swobodny przepływ towarów, usług, kapitału, zasobów pracy oraz realizacja skoordynowanej, skoordynowanej lub ujednoliconej polityki w sektorach gospodarki.

EWEA pozycjonuje się jako jądro integracji kontynentalnej, ponieważ Federacja Rosyjska przedstawiła ideę dużej Europy "od Lizbony po Władywostok", związaną z chińską inicjatywą "Jeden pas i jedna droga".

SGRB (Union State of Russia and Belarus, SRSB - Związek Rosji i Białorusi) jest ponadnarodowym państwem Federacji Rosyjskiej i Republiki Białorusi, z jednolitą przestrzenią polityczną, wojskową, celną, walutową, prawną, humanitarną i kulturalną zorganizowaną etapami.

Traktat ustanawiający Państwo Unijne został podpisany w dniu 08.12.1999 r., co zostało poprzedzone podpisaniem:

- w 1995 r. Umowa o Unii Celnej (w latach 1995-1999 Kazachstan, Kirgistan i Tadżykistan dołączyły do niej);

- w kwietniu 1996 r., Traktat o utworzeniu Wspólnoty Białorusi i Rosji;
- w 1997 r., Traktat o Unii Białorusi i Rosji;
- w maju 1997 r. ustanowiono Kartę Związku Białorusi i Rosji (Rada Najwyższa i Komitet Wykonawczy);
- w latach 1997-1998. Granic i Ceł oraz Komitet ds. Bezpieczeństwa Państwa Unii).

Zgodnie z Traktatem, w ramach Państwa Unii, suwerenność narodowa państw członkowskich jest chroniona przy jednoczesnym tworzeniu organów państwa Unii i ponadnarodowych organów zarządzających: Zgromadzenia Parlamentarnego Związku Białorusi i Rosji; Rady Najwyższej i Komitetu Wykonawczego Związku Białorusi i Rosji; Komitetów Granicznych i Celnych; oraz Komitetu Bezpieczeństwa.

Cele państwa Unii są następujące:

- utworzenie jednej przestrzeni ekonomicznej;
- wdrożenie jednolitej polityki społecznej;
- wdrażanie skoordynowanej polityki obronnej i zagranicznej [8].

Rosja i Białoruś pozostają pełnoprawnymi członkami społeczności międzynarodowej: utrzymują swoje członkostwo w organizacjach międzynarodowych oraz swoje zobowiązania i prawa wynikające z traktatów międzynarodowych.

CSTO (Collective Security Treaty Organization) - nie jest organizacją gospodarczą założoną w 2002 roku. obejmuje Armenię, Białoruś, Kazachstan, Kirgistan, Rosję i Tadżykistan.

Celem Organizacji jest koordynacja i połączenie wysiłków w walce z międzynarodowym terroryzmem i ekstremizmem oraz handlem środkami odurzającymi i substancjami psychotropowymi [10].

Na obecnym etapie rozwoju gospodarczego żaden kraj nie może rozwijać się w izolacji od świata zewnętrznego i ograniczać się do zagranicznych stosunków handlowych, nie doceniając złożonych form współpracy międzynarodowej, które przyczyniają się do wzrostu intensywności i różnorodności zagranicznej działalności gospodarczej. W związku z tym coraz ważniejsze staje się poszukiwanie i rozwijanie mechanizmów i parametrów integracji, których stosowanie nie tylko ocenia bieżące procesy gospodarcze, ale także w razie potrzeby dostosowuje ich kierunek, a także koncentruje partnerów na konkretnych aspektach integracji, co pomoże im skoncentrować dostępne zasoby w obszarach, w których organizacje odnoszą największe sukcesy.

MIĘDZYNARODOWA GLOBALIZACJA GOSPODARCZA TEMAT 6

"Myślenie globalne: co jest dobre dla społeczeństwa. otwiera nowe możliwości biznesowe."
Φ. Kotler

6.1 Globalizacja międzynarodowego systemu gospodarczego: istota i trendy.
6.2 Wyzwania związane z globalizacją.

6.1 Globalizacja międzynarodowego systemu gospodarczego: natura i tendencje

Globalizacja jest procesem kształtowania się integralnego światowego kompleksu społeczno-gospodarczego w oparciu o szeroką transnacjonalizację (tj. proces angażowania państw w tworzenie jednej przestrzeni gospodarczej, społecznej i kulturowej) [17, s. 195-196].

Warunki konieczne do globalizacji:

– rozszerzanie i pogłębianie procesów *umiędzynarodowienia produkcji w oparciu o* innowacyjny rozwój i kształtowanie klasy "pracowników intelektualnych";

– rozwój *infrastruktury* międzynarodowego systemu gospodarczego (transport, informacja i komunikacja, bankowość oraz sieci kredytowe i finansowe);

– intensyfikacja procesów *liberalizacyjnych* poza regionalnymi stowarzyszeniami gospodarczymi pod wpływem intensyfikacji międzynarodowych migracji zarobkowych i czynników produkcji;

– *łączenie rynków krajowych*, oddzielonych historycznie i geograficznie, w oparciu o zbieżność gustów i preferencji konsumentów;

– fuzje i przejęcia korporacji wielonarodowych (KTN) oraz *rozwój korporacji wielonarodowych (KTN)*, które kontrolują globalną podaż oraz procesy kredytowe i finansowe;

– nasilająca się konkurencja ze względu na wzrost liczby uczestników, zmianę form i metod.

Globalizacja międzynarodowej działalności gospodarczej rozwija się w głównych kierunkach przedstawionych na rysunku 6.1.

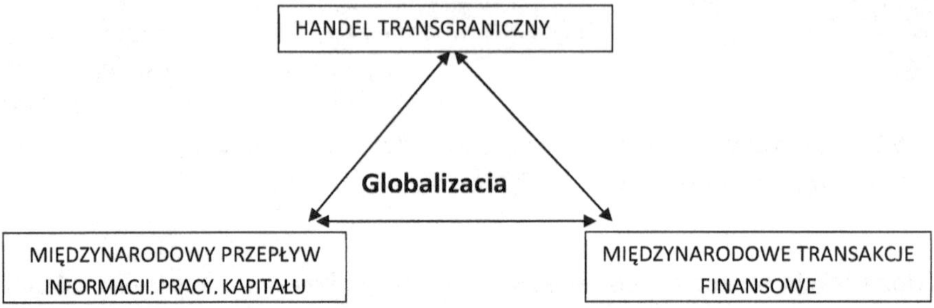

Rysunek 6.1 - Kierunki globalizacji

Głównymi wskaźnikami udziału kraju w procesie globalizacji są:

– wartość kontyngentu w handlu zagranicznym (GTV) (suma eksportu i importu) w PKB:

$$External\ (Foreign) Trade\ Quota = \frac{E+I}{GDP} \times 100\% = \frac{\frac{E+I}{2}}{GDP} \times 100\%;$$

– wielkość przepływów finansowych za granicą;

– udział importu inwestycji zagranicznych (CEC) w PKB oraz udział eksportu (inwestowanego za granicą) inwestycji (CEC) w PKB:

$$K_{capital\ imports} = \frac{IC}{GDP}$$

$$K_{\text{ek□port k□pit□łu}} = \frac{\text{WE}}{\text{PKB}}$$

– Udział zagranicznej siły roboczej w ogólnej liczbie osób zatrudnionych w kraju oraz w liczbie krajowych zasobów pracy zatrudnionych za granicą;

– Udział patentów i licencji zagranicznych w ogólnej liczbie patentów i licencji zarejestrowanych w kraju oraz liczba patentów i licencji krajowych udzielonych za granicą;

– wielkość eksportu/importu technologii, know-how w zakresie usług doradczych, inżynieryjnych i zarządczych.

Organizacja Narodów Zjednoczonych stosuje *wskaźnik transnarodowości*, który jest obliczany na podstawie następujących wskaźników: udział aktywów zagranicznych TNK (IOC) we wszystkich aktywach przedsiębiorstwa; udział sprzedaży zagranicznej w całkowitej sprzedaży przedsiębiorstwa; udział zatrudnionych pracowników zagranicznych w rynku krajowym; stosunek wielkości transakcji międzynarodowych z akcjami i obligacjami do światowego PKB.

W ten sposób proces globalizacji racjonalizuje i optymalizuje więzi gospodarcze w gospodarce międzynarodowej, angażując kraje w proces produkcji i dystrybucji towarów, które zaspokajają rosnące i zmieniające się potrzeby konsumentów.

6.2 Wyzwania związane z globalizacją

Proces globalizacji jest podwójny i sprzeczny: w gospodarce międzynarodowej zachodzą dwa równoległe procesy - globalizacja i regionalizacja, które wzajemnie się uzupełniają i tworzą jedną przestrzeń gospodarczą światowych stosunków gospodarczych.

Jednocześnie cechą charakterystyczną współczesnego rozwoju gospodarczego jest sprzeczność między funkcjonalną integralnością i współzależnością życia gospodarczego państw a polityczną fragmentacją (rozdrobnieniem) międzynarodowego systemu państw narodowych opartego na "interesach narodowych". Partnerstwa między krajami rozwiniętymi a korporacjami wielonarodowymi w zakresie koncentracji głównych przepływów produktowych i inwestycyjnych, w procesach modernizacji i rozwoju innowacji zwiększyły zależność krajów rozwijających się, co przejawia się w zapożyczaniu innowacji technologicznych, odpływie wykwalifikowanego personelu, uzależnieniu od inwestycji zewnętrznych i eksporcie do krajów rozwiniętych (tabela 6.1).

Tabela 6.1 - Kontrakty globalizacyjne

Trendy w globalizacji	**Skutki procesu globalizacji**
Tworzenie sojuszy gospodarczych i politycznych oraz intensyfikacja procesów integracyjnych związanych z częściową utratą suwerenności	Dążenie państw do niezależności politycznej, tożsamości narodowej.
Gospodarcza (i polityczna) dominacja KTN i IOOC	Powiększająca się przepaść w rozwoju gospodarczym między EDS (kraje rozwinięte gospodarczo) a DC (kraje rozwijające się), zaostrzająca konkurencję.
Pogłębienie międzynarodowego podziału pracy i czynników produkcji, wzmocnienie więzi korporacyjnych.	Zerwanie wewnętrznych tradycyjnych krajowych więzi gospodarczych, degradacja niekonkurencyjnych gałęzi przemysłu, pogłębienie problemów z bezrobociem.
Zmiany w funkcji pieniądza w gospodarce światowej wraz z pojawieniem się rynku walutowego, niezależnego od rynku towarów i usług (gdzie pieniądz jest przedmiotem handlu jako towar).	Aktywacja spekulacji walutowej jako formy operacji rynkowych i sekurytyzacji (obieg kapitału w papierach wartościowych).
Stymulowanie ekspansji walut światowych i kapitału zagranicznego na krajowe rynki finansowe poprzez "zacieranie" granic zamkniętych wcześniej krajowych przestrzeni finansowych.	Utworzenie stref "offshore" działających w systemie preferencyjnym (preferencyjny podatek dochodowy, zwolnienie ze składek ubezpieczeniowych, zniesienie kontroli nad transakcjami walutowymi), co doprowadziło do prania "brudnych pieniędzy".
"Rozmycie" granic kulturowych i narodowych, agresywna penetracja kultury "masowej" i ideologii (wartości, wzorce zachowań).	Konflikty etniczne i religijne, wojowniczy nacjonalizm i fundamentalizm religijny.
Słaba skuteczność istniejących międzynarodowych mechanizmów regulacyjnych (prawodawstwo, międzynarodowe organy i instytucje koordynujące)	Destabilizacja polityczna i gospodarcza w poszczególnych krajach, regionach i całej społeczności światowej (kryzysy finansowe, wojny).

Globalizacja w warunkach współczesnych prowadzi do wzmocnienia dysproporcji w gospodarce międzynarodowej, gdyż przekształcenie gospodarki światowej w integralny system gospodarczy oparty na dominacji światowych stosunków gospodarczych nad krajowymi, przyczynia się do osłabienia regulacyjnych funkcji państw narodowych w zagranicznej działalności gospodarczej, a w konsekwencji do utraty suwerenności krajowych systemów gospodarczych, uzależniając je od procesów zachodzących na rynku światowym.

Procesy globalizacji spowodowały problemy, które dotykają wszystkie kraje i narody i mogą prowadzić do znacznych strat gospodarczych i społecznych.

Globalne problemy można z grubsza podzielić na główne grupy:

1. *Problemy systemu "społeczeństwo - przyroda" wynikają z* nieodpowiedniego stosunku człowieka do środowiska (problem ekologiczny i problem wyczerpywania się zasobów).

2. *Problemy społeczne związane są* ze słabą organizacją społeczeństwa i mogą być rozwiązywane poprzez eliminowanie wewnętrznych sprzeczności cywilizacji ludzkiej (problem żywnościowy; problem przezwyciężania ubóstwa i biedy; problem walki z chorobami; problem demograficzny; problem rozwoju społecznego; problem wojny i pokoju; zapobieganie katastrofom nuklearnym; problem uzbrojenia i konwersji; problem harmonizacji relacji pomiędzy Północą i Południem, Zachodem i Wschodem; problem badań oceanów i przestrzeni kosmicznej).

Przezwyciężenie globalnych problemów naszych czasów sugeruje:
po pierwsze, ustanowienie harmonijnej relacji między społeczeństwem a naturą,
po drugie, eliminacja społecznych antagonizmów,
Po trzecie, przejście społeczeństwa na współewolucyjną (współzależną) drogę rozwoju [17, s. 196,397].

Rozwiązanie globalnych problemów wymaga współpracy całej społeczności światowej:

– rozwój i wykorzystanie prawodawstwa międzynarodowego;
– aktywnego funkcjonowania organizacji międzynarodowych;
– by pomóc najbiedniejszym krajom;
– ustanowienie publicznej kontroli nad światowymi procesami.

Dlatego też gospodarka międzynarodowa w kontekście globalizacji jako całości powinna być postrzegana jako zbiór przestrzeni modernizacyjnych.

WARSZTATY Z EKONOMII MIĘDZYNARODOWEJ

"Aby skutecznie konkurować na rynkach międzynarodowych,
przedsiębiorstwa w każdym kraju powinny stale wdrażać
aby wprowadzić innowacje i zbudować przewagę konkurencyjną."
M.Y. Porter

TEMAT 1 Gospodarka międzynarodowa: struktura i tendencje rozwojowe

Cel: Podsumowanie rozumienia gospodarki międzynarodowej, jej roli i znaczenia w obecnym środowisku gospodarczym.

Cel: rozwijanie rozumienia gospodarki międzynarodowej jako systemu stosunków i interakcji podmiotów gospodarczych różnych krajów.

Test kontrolny

1. Zestaw wzajemnie oddziałujących na siebie gospodarek narodowych wszystkich krajów i stosunków międzynarodowych jest:

a) światowy rynek

b) gospodarka światowa

c) gospodarka światowa

d) wszystkie odpowiedzi są prawidłowe

e) brak prawidłowych odpowiedzi

2. Oznaczyć grupy krajów w gospodarce międzynarodowej według klasyfikacji ONZ.

a) zaawansowane gospodarki rynkowe

b) kraje o gospodarkach będących w okresie transformacji

c) wschodzące kraje uprzemysłowione (NIC)

d) rozwijający się świat

e) narody uprzemysłowione

3. <u>Gospodarka "otwarta" sugeruje</u>

a) zacieranie się granic państwowych

b) międzynarodowa orientacja gospodarcza

c) wspólna przestrzeń gospodarcza z innymi krajami

d) swobodny międzynarodowy przepływ towarów, usług, pracy, kapitału, technologii, informacji

4. <u>Przedmiotem międzynarodowej gospodarki są:</u>

a) towary i usługi

b) korporacje międzynarodowe

c) stolica

d) zasoby siły roboczej

e) Technologie

5. <u>Wskaźnikami "otwartości" gospodarki narodowej są:</u>

a) kontyngent wywozowy

b) kontyngent przywozowy

c) podatek eksportowy

d) krajowy PKB

6. <u>"Eksport netto" jest zdefiniowany jako:</u>

a) całkowity roczny krajowy wywóz i przywóz

b) różnica między rocznym wywozem i przywozem danego kraju

c) roczna różnica między wywozem a powrotnym wywozem

7. <u>Na poziom "otwartości" gospodarki mają wpływ następujące czynniki:</u>

a) brak regulacji celnych

b) należności celne przywozowe i wywozowe

c) stan rozwoju gospodarczego

d) pojemność rynku

e) krajowa zdolność produkcyjna

f) rozwój struktury produktów publicznych i wartości dodanej

8. Głównymi cechami globalizacji są:

a) wysoki poziom zaangażowania gospodarek krajowych w światowy system gospodarczy

b) wysoki poziom integracji

c) wysiłki na rzecz standaryzacji

d) rosnąca konkurencja

e) krajowa secesja gospodarcza

f) obiektywne wzorce międzynarodowego podziału pracy

g) brak prawidłowych odpowiedzi

9. Odzwierciedla on wskaźnik kontyngentu wywozowego:

a) globalny podział pracy

b) poziom otwartości ekonomicznej

c) poziom rozwoju międzynarodowych stosunków walutowych i kredytowych

d) stan rozwoju płatności międzynarodowych

e) brak prawidłowych odpowiedzi

Do dyskusji

1. Zdefiniować i sformułować istotę gospodarki międzynarodowej.
2. Proszę opisać infrastrukturę gospodarki międzynarodowej.
3. Charakterystyka obiektów i podmiotów gospodarki międzynarodowej według klasyfikacji.
4. Aby udowodnić prawidłowość ewolucji gospodarki międzynarodowej.
5. Jakie są trendy w gospodarce międzynarodowej?
6. Udowodnić, że konkurencja jest podstawą rozwoju gospodarki międzynarodowej na obecnym etapie.

Zadania

Nr 1.1 Określanie pozycji gospodarki narodowej kraju (opcjonalnie) przy użyciu różnych metod klasyfikacji (uzasadnij swoją odpowiedź).

Nr 1.2 Przedstawić ekonomiczne uzasadnienie, że gospodarka danego kraju (z wyboru) w formie interakcji w światowej przestrzeni gospodarczej należy do grupy małych otwartych lub dużych otwartych gospodarek (wykorzystując główne wskaźniki rozwoju społeczno-gospodarczego, działalności gospodarczej i handlu zagranicznego).

TEMAT 2 Międzynarodowy podział pracy i czynników produkcji jako podstawa umiędzynarodowienia gospodarki

Cel: utrwalenie wiedzy na temat roli i znaczenia międzynarodowego podziału pracy i czynników produkcji w procesie umiędzynarodowienia międzynarodowego życia gospodarczego.

Cel: Wyjaśnienie zalet i wad międzynarodowej migracji zarobkowej i kapitałowej.

Test kontrolny

1. Głównymi formami podziału pracy są:

a) wspólne formy

b) gospodarka międzynarodowa

c) formy prywatne

d) specjalność międzynarodowa

e) współpraca międzynarodowa

2. Podstawowe zasady rozwoju MRI:

a) Produkcja

b) Produkt

c) Naukowy

d) Technologiczny

e) terytorialny

3. Rodzaje międzynarodowej specjalizacji produkcyjnej:

a) Produkt

b) więcej szczegółów

c) Technologiczny

d) Naukowy

4. Czynniki leżące u podstaw udziału kraju w MRI:

a) Krajowy

b) międzynarodowy

c) przyrodniczo-geograficzny

d) społeczno-ekonomiczny

e) warunki rynku międzynarodowego

f) Środowiskowy

g) naukowy i technologiczny

h) brak prawidłowych odpowiedzi

i) wszystkie odpowiedzi są prawidłowe

5. Głównymi czynnikami produkcji są:

a) Przedsiębiorstwo

b) nauka

c) Finanse

d) Praca

e) ziemia

f) stolica

g) niewyczerpujący wykaz czynników

h) wszystkie odpowiedzi są prawidłowe

6. Warunki międzynarodowej współpracy produkcyjnej:

a) podstawa traktatowa

b) długotrwały związek

c) dobrowolny charakter

d) międzynarodowi partnerzy

7. Powiązania produkcyjne pomiędzy podmiotami gospodarczymi z różnych krajów są:

a) współpraca naukowa

b) specjalizacja przemysłowa

c) zastąpienie przywozu

d) współpraca międzynarodowa

e) specjalność międzynarodowa

8. MMK jest:

a) przepływy kapitału prywatnego za granicą

b) pożyczki, kredyty udzielone zagranicznym podmiotom gospodarczym

c) transgraniczne przepływy kapitału

d) BIZ i FDI

e) przepływy kapitału przedsiębiorstw poza granicami kraju

9. PI sugeruje

a) zakup ≤ 10% udziałów

b) sprzedaż ≥ 10% udziału

c) sprzedaż ≤ 10% udziałów

d) 51% zakup akcji

e) brak prawidłowych odpowiedzi

10. Wspomina się o międzynarodowej migracji zarobkowej:

a) wakacje studenckie za granicą

b) zagraniczne podróże emerytowanych rodziców do ich pracujących dzieci

c) zaproszenie firmy do wyjazdu za granicę

d) państwowe przyjmowanie uchodźców zagranicznych

Do dyskusji

1. Opisać główne czynniki rozwoju i pogłębiania międzynarodowego podziału pracy.
2. Udowodnienie prawidłowości dążenia państw do realizacji swoich obiektywnych korzyści w światowych stosunkach gospodarczych.
3. Udowodnić, że rozwój międzynarodowego podziału pracy i czynników produkcji przyczynia się do pogłębiania umiędzynarodowienia gospodarek.
4. Komentarz do zdania: "Międzynarodowy podział pracy i czynników produkcji stymuluje rozwój społeczeństwa, gospodarki, nauki, kultury".
5. Pokazanie zalet przyciągania bezpośrednich inwestycji zagranicznych w porównaniu z inwestycjami portfelowymi.

Zadania

Nr 2.1 Podaj przykłady udziału przedsiębiorstw w kraju (opcjonalnie) w różnych rodzajach międzynarodowej współpracy produkcyjnej (uzasadnij swoją odpowiedź):

a) towarów i technologii produkcji;
b) strukturalnie sektorowo;
c) terytorialny.

Nr 2.2 Proszę opisać bezwzględną i względną przewagę danego kraju (opcjonalnie) w rozwijaniu stosunków handlowych z innymi krajami (proszę przedstawić argumenty na potwierdzenie swojej racji).

2.3 Należy uzupełnić tabelę zalet i wad międzynarodowej migracji kapitału (podać przykłady):

Dla eksporterów		Dla importerów	
"«+»	"«–»	"«+»	"«–»
....	....	....	....

Nr 2.4 Opisać udział danego kraju (fakultatywny) w procesie międzynarodowej migracji kapitału (wykorzystując jako uzasadnienie ekonomiczne bezwzględne i względne wskaźniki zaangażowania w światowe stosunki gospodarcze). Jakie czynniki wpływają na ten proces?

Nr 2.5 Podać przykłady dowodów (lub obalenia) na to, że migracja zarobkowa jest ekonomicznie bezpieczna:

a) przyczynia się do akumulacji kapitału ludzkiego;

b) nie zmniejsza potencjału siły roboczej kraju;

c) zapewnia wzrost bogactwa narodowego kraju poprzez racjonalne wykorzystanie wyników migracji zarobkowej.

TEMAT 3 Handel międzynarodowy

Cel: ***Pogłębienie wiedzy na*** temat handlu międzynarodowego oraz jego międzynarodowych i krajowych mechanizmów regulacyjnych.

Cel: rozwijanie umiejętności w zakresie analizy procesów zachodzących na rynkach międzynarodowych i ich wpływu na gospodarki krajowe.

Test kontrolny

1. Protekcjonizm obejmuje cła, kontyngenty, licencje i inne bariery handlowe:

a) ochrona gospodarek wschodzących przed konkurentami

b) unikanie dumpingu

c) ochrona rynku pracy przed konkurencją

d) wszystkie odpowiedzi są prawidłowe

e) brak prawidłowych odpowiedzi

2. Cele wprowadzenia ceł wywozowych:

a) fiskalny

b) promocja tranzytu

c) zapobieganie nadmiernemu eksportowi

d) zapobieganie nadmiernemu przywozowi

e) zaopatrzenie rynku

3. Główne tendencje w handlu międzynarodowym:

a) globalizm

b) protekcjonizm

c) Liberalizacja

d) materializm

e) freeriding

4. Handel międzynarodowy jest:

a) całość handlu zagranicznego państw

b) działalność gospodarcza w zwykłym trybie

c) wartość importowa i eksportowa

d) sprzedaż zagraniczna

e) wszystkie odpowiedzi są prawidłowe

5. Które z powyższych nie ma zastosowania do usług:

a) franchising

b) Konsultacja

c) Inżynieria

d) Transport

e) Dostawy

f) Know-how

g) wszystkie z nich odnoszą się do usług

6. Kto bardziej korzysta na freeridingu:

a) Producenci

b) Konsumenci

c) Nikt

7. Negatywny bilans handlu zagranicznego oznacza, że:

a) eksport kapitału za granicę przewyższa import kapitału z zagranicy

b) nadwyżka eksportu

c) import przewyższający eksport

d) deficyt publiczny

8. Które z powyższych stwierdzeń są nieprawidłowe:

a) aktywa własności intelektualnej są nierozłącznie związane z medium

b) usługa - niematerialna forma towarów

c) praca jest nierozłączna z nośnikiem

d) aktywa własności intelektualnej są nierozłącznie związane z właścicielem

e) ochrona zmienia swoje cechy jakościowe wraz ze zmianą właściciela

9. Banki centralne państw kupują i sprzedają walutę obcą, aby złagodzić wahania kursów walut. To typowe:

a) dla systemu zarządzania płynnymi kursami walutowymi

b) dla systemu stałego kursu walutowego

c) dla systemu Bretton Woods

d) dla systemu jamajskiego

e) dla systemu Paris Gold Standard

10. Główne zasady międzynarodowego rynku kredytowego są następujące:

a) Zwrot kosztów

b) zapłacić

c) Pilna potrzeba

d) długowieczność

e) brak prawidłowych odpowiedzi

11. Typy pożyczek obejmują..:

a) Waluta

b) gotówka

c) Produkt

Do dyskusji

1. Określenie istoty rynku międzynarodowego i handlu międzynarodowego.
2. Udowodnienie, że rynek międzynarodowy jest systemem stosunków gospodarczych, politycznych, prawnych i społecznych.
3. Jakie są główne cechy charakterystyczne międzynarodowego handlu towarami?
4. Jakie są cechy międzynarodowego rynku usług?
5. Proszę opisać główne ośrodki międzynarodowego rynku pracy.
6. Jakie są cechy i trendy funkcjonowania rynku pierwotnego i wtórnego.
7. Aby udowodnić prawidłowość rozwoju międzynarodowego systemu walutowego.
8. Wyjaśnienie pozytywnych i negatywnych skutków stosowania różnych rodzajów i instrumentów regulacji handlu zagranicznego.
9. Podaj opis dla międzynarodowych organizacji handlowych i gospodarczych.

Zadania

3.1 Określenie głównych pozycji towarowych w eksporcie i imporcie danego kraju (opcjonalnie). Wyniki umieścić w tabeli.

Główne pozycje towarowe w wywozie Republiki Białorusi	Główne pozycje towarowe importowane przez Republikę Białorusi
– – ……… ..	– – ……… .

3.2 Wypełnić tabelę i podać przykłady działań w zakresie eksportu/importu dla każdej pozycji.

Kryteria	Rodzaje (formularze)	Spis treści
Ze względu na charakter działalności.	Aktywny / pasywny	???
???	Bezpośrednie / pośrednie	???
Na miejscu.	???	Przedmiotem transakcji (kupna/sprzedaży) są towary materialne.
	???	Przedmiotem transakcji (kupna/sprzedaży) są dobra niematerialne (usługi).
	???	FDI, FDI.

Nr 3.3 Według NSSD-20 i NSSD-30 jedną z podstawowych zasad zagranicznej działalności gospodarczej i handlu zagranicznego w Republice Białoruś jest wieloczynnikowa. Przeanalizować wyniki działalności handlu zagranicznego Białorusi na podstawie danych z tabeli - Wyniki handlu zagranicznego Republiki Białorusi w 2015 roku. ...milion dolarów.

Tabela - Wyniki handlu zagranicznego Republiki Białorusi w 2015 r., mln USD

Region	Obrót	Eksport	Import	Baldo
Europa	14 300	8 500	5 800	2 700
Ameryka Południowa i Środkowa	1 057, 63	665, 18	392, 45	272, 73
Azja, Australia i Nowa Zelandia	6 029, 595	2 277, 1	3 752, 5	- – 1 475, 4
Afryka	842, 5	262, 2	580, 3	- – 318, 1
WNP	32 462, 2	14 095, 3	18 366, 9	- – 4 271, 5
EAEC	28 215,37	11 007, 77	17 207, 60	- – 6 199, 83

Uwaga: obliczeń dokonano na podstawie danych Narodowego Komitetu Statystycznego Republiki Białorusi [Handel zagraniczny Republiki Białorusi:

opracowanie statystyczne / Narodowy Komitet Statystyczny Republiki Białorusi]. - Mińsk, 2015. - – 321 c.].

– określić obszary priorytetowe dla działań w zakresie handlu zagranicznego;

– określić stopień otwartości (zaangażowania w handel międzynarodowy) gospodarki (PKB Republiki Białorusi w 2015 r. - 53 508 mln USD);

– opracować propozycje poprawy działalności w zakresie handlu zagranicznego Republiki Białorusi.

Temat 4: Firmy międzynarodowe. TNK i IOC

Cel: Gromadzenie i utrwalanie wiedzy o międzynarodowych firmach jako czynnikach napędzających globalizację.
Cel: Szkolenie ogólnych naukowych metod analizy i identyfikacji skutków aktywnego rozwoju KTN i IOOC.

Test kontrolny

1. Stowarzyszenie podmiotów gospodarczych z różnych krajów, w których uczestnicy zachowują niezależność prawną, wartość dodaną i finansową:

a) Troska

b) kartel

c) Spółka

d) brak prawidłowych odpowiedzi

2. Stowarzyszenie korporacyjne, wielonarodowe pod względem wykorzystania kapitału i kontroli, międzynarodowe pod względem biznesowym:

a) TNK

b) IOOC

c) MSA

d) brak właściwej odpowiedzi

3. Międzynarodowe spółki (korporacje) obejmują:

a) TNK

b) kartele

c) Trusty

d) IOOC

e) syndykaty

f) MSA

g) Troski

4. Który z tych wskaźników nie charakteryzuje działalności TNK:

a) wkład kapitałowy z zagranicy

b) sprzedaż brutto za granicą

c) pracując jako część całkowitej liczby emigrantów

d) udział pracowników oddziałów zagranicznych w ogólnej liczbie pracowników korporacji

e) wszystkie odpowiedzi są prawidłowe

f) brak prawidłowych odpowiedzi

5. Mówi się o korporacjach powstałych w wyniku fuzji i przejęć:

a) TNK

b) IOOC

c) MSA

6. Negatywne skutki działalności KTN obejmują:

a) kwestie związane z zatrudnieniem

b) problemy ekologiczne

c) monopolizacja rynku

d) wpływy polityczne

e) rosnąca konkurencja

f) wszystkie odpowiedzi są prawidłowe

7. ISA jest:

a) korporacje oparte na połączeniu kapitału bankowego z przemysłowym

b) korporacje oparte na koncentracji i centralizacji kapitału, połączeniach i przejęciach przedsiębiorstw

c) korporacje oparte na długoterminowych relacjach zaufania, koordynujące i optymalizujące wykorzystanie wspólnych zasobów

d) Korporacje oparte na współpracy finansowej i przemysłowej, naukowej i technologicznej, handlowej i usługowej, łączące działalność przemysłową w kraju bazy z szerokim rozgałęzieniem oddziałów za granicą

8. Które z tych stwierdzeń nie są prawdziwe:

a) KTN nie prowadzą działalności w Republice Białorusi

b) TNC i IOC są siłą napędową globalizacji

c) fuzje i przejęcia stanowią oparte na zaufaniu długoterminowe, wzajemnie korzystne relacje pomiędzy podmiotami gospodarczymi

d) liczba TNC i IOC rośnie

e) Pragnienie rozdzielenia gospodarek narodowych stymuluje rozwój TNK i IOCs.

Do dyskusji

1. Udowodnić, że pojawienie się i rozwój międzynarodowych firm jest naturalne.
2. Udowodnić, że ewolucja korporacji międzynarodowych jest zdeterminowana przez rozwój międzynarodowej migracji kapitału.
3. Pokazanie przewagi konkurencyjnej ISC w porównaniu z przedsiębiorstwem krajowym.
4. Komentarz do zdania: "Aktywny rozwój TNK i IOC jest siłą napędową globalizacji rynku".

Zadania

Nr 4.1 Wypełnić tabelę i podać przykłady międzynarodowych przedsiębiorstw.

Rodzaje (formy) firm międzynarodowych	Cecha charakterystyczna
TNK	
	zjednoczenie przedsiębiorstw, najczęściej jednej branży, w których członkowie różnych państw, zachowując niezależność prawną, finansową, przemysłową i handlową, zawierają porozumienie w sprawie kwot produkcji i sprzedaży
Zaufanie	
	dobrowolna współpraca przemysłowa lub unifikacja potencjału naukowo-technicznego różnych podmiotów gospodarczych na podstawie umów bez wzajemnej absorpcji
	sojusz producentów z różnych krajów, którzy zachowują niezależność prawną i przemysłową, związany umową o utworzeniu jednej organizacji sprzedaży
IOOC	
Obawy	

Nr 4.2 Podaj przykłady międzynarodowych korporacji działających w Twoim kraju.

4.3 Określenie pozytywnego i negatywnego wpływu działalności TNK i IOOC (uzasadnienie odpowiedzi, odzwierciedlenie wyników w tabeli).

Pozytywne skutki działań w zakresie TNK i IOOC	Negatywne skutki działalności TNK i IOOC
- – ... - –	- – ... - – ... .

4.4 Określenie podobieństw i różnic pomiędzy TNC i IOC (patrz tabela wyników).

Podobieństwo TNK i IOC	Różnice pomiędzy TNK i IOC
- – ... - –	- – ... - – ... .

Nr 4.5 Rysunek 1 - Ewolucja korporacji międzynarodowych przedstawia etapy rozwoju międzynarodowego biznesu korporacyjnego.

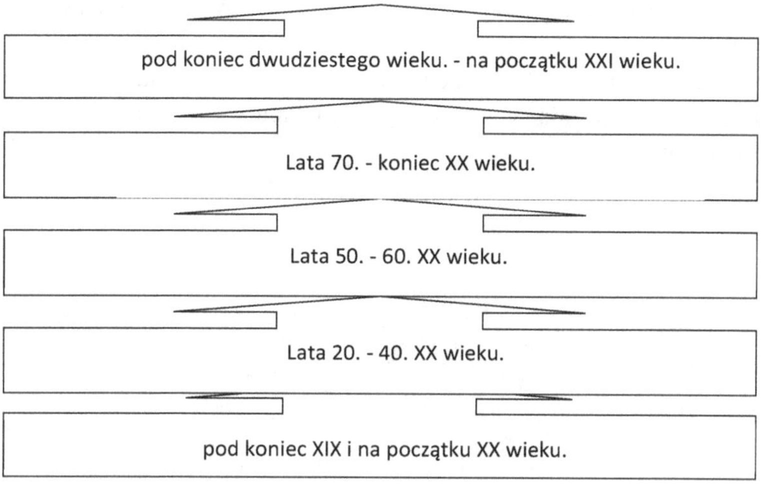

Rysunek 1 - Ewolucja korporacji międzynarodowych

Ustalić:

1. Na jakim etapie ewolucji znajdowały się głównie międzynarodowe korporacje:
   - TNK
   - Trest
   - Koncerty
   - Syndykaty
   - IOOC
   - MSA
   - Kartele

2. Który etap ewolucji korporacji międzynarodowych odpowiada następującym cechom:

- globalizacja działalności, stale rosnąca i pogłębiająca się wymiana handlowa i gospodarcza, finansowa i walutowa, naukowa i techniczna oraz produkcyjna sieć komunikacji wewnątrz i międzykorporacyjnej korporacji (główny kierunek działalności: nauka, biznes innowacyjny);
- lokowanie kapitału w krajach kolonialnych - źródła surowców i taniej siły roboczej (główna dziedzina działalności: rozwój (produkcja) surowców w koloniach oraz przetwórstwo surowców w obszarach metropolitalnych);
- Korporacje stają się generatorami i rozpowszechniaczami osiągnięć naukowych i technicznych (główny obszar działalności: energetyka jądrowa, elektronika, przestrzeń kosmiczna, oprzyrządowanie);
- Przyspieszenie fuzji i przejęć przedsiębiorstw pod wpływem postępu naukowego i technologicznego, intensyfikacja procesów integracyjnych i rosnąca konkurencja;
- Tworzenie i rozwój korporacji ukierunkowanych na kompleks wojskowo-przemysłowy i zamówienia wojskowe (główna linia biznesowa: produkcja broni i sprzętu wojskowego).

TEMAT 5 Międzynarodowa integracja gospodarcza

Cel: Zwiększenie wiedzy na temat międzynarodowej integracji gospodarczej jako naturalnego procesu międzynarodowego rozwoju gospodarczego.
Cel: usystematyzowanie rozumienia sekwencji integracji.

Test kontrolny

1. Chodzi o stowarzyszenie integracyjne, w którym istnieje swobodny przepływ towarów, usług i czynników produkcji:

a) strefa wolnego handlu

b) unia celna

c) ogólny rynek

d) unia gospodarcza

e) brak prawidłowych odpowiedzi

2. UE jest tego przykładem:

a) strefy wolnego handlu

b) unia celna

c) ogólny rynek

d) unia gospodarcza i walutowa

3. Stowarzyszenie integracyjne, w ramach którego wprowadzono jednolitą taryfę celną i jednolity system regulacji pozataryfowej z krajami trzecimi, ma zastosowanie:

a) w kierunku strefy wolnego handlu

b) do unii celnej

c) w kierunku wspólnego rynku

d) w kierunku unii gospodarczej

4. Które z powyższych nie ma zastosowania do formy stowarzyszenia integracyjnego:

a) strefa wolnego handlu

b) dwustronna umowa handlowa

c) ogólny rynek

d) MSA

5. Białoruś jest członkiem następujących stowarzyszeń integracyjnych:

a) UE

b) EAEC

c) CSTO

d) SCO

e) BRICS

6. Stany Zjednoczone są członkiem następujących stowarzyszeń integracyjnych:

a) UE

b) NAFTA

c) APEC

d) MERCOSUR

7. Rosja jest członkiem następujących stowarzyszeń integracyjnych:

a) WNP

b) SCO

c) BRICS

d) EAEC

8. Które z powyższych stwierdzeń są nieprawidłowe:

a) Norwegia nie jest członkiem UE, ale jest członkiem strefy Schengen.

b) Szwecja jest członkiem UE, ale nie należy do strefy euro.

c) Szwajcaria jest członkiem UE, ale nie należy do strefy euro.

d) Szwajcaria nie jest członkiem UE, ale jest częścią strefy Schengen.

e) Dania jest członkiem UE, ale nie należy do strefy euro.

9. NAFTA jest na kolejnym etapie integracji:

a) strefa wolnego handlu

b) unia celna

c) ogólny rynek

d) unia gospodarcza

10. Podkreślenie stowarzyszeń integracji gospodarczej:

a) UE

b) EAEC

c) MFW

d) NAFTA

e) MERCOSUR

f) ASEAN

g) ONZ

h) wszystkie odnoszą się do stowarzyszeń integracji gospodarczej

11. Warunki i przesłanki do integracji są następujące:

a) Gospodarczy

b) terytorialny

c) kulturalny i etniczny

d) religijny

e) społeczno-polityczne

Do dyskusji

1. Aby udowodnić prawidłowość międzynarodowej integracji gospodarczej.

2. Pokaż sekwencję (fazową) integracji gospodarczej i scharakteryzuj cechy każdego etapu.

3. Podaj przykłady międzynarodowej integracji gospodarczej realizowanej "z góry" (z woli elit rządzących) i "od dołu"? Jakie są ich mocne i słabe strony?

4. Jaka jest specyfika integracji gospodarczej byłych republik ZSRR?

Zadania

Nr 5.1 Na jakim etapie integracji znajdują się następujące międzynarodowe stowarzyszenia integracyjne (proszę uzasadnić swoją odpowiedź):

- UE
- NAFTA
- APEC
- ASEAN
- LAI
- MERCOSUR
- WNP
- EAEC
- SCO
- BRICS

5.2 Określenie pozytywnych i negatywnych skutków integracji międzynarodowej (podać przykłady, odzwierciedlić swoją odpowiedź w tabeli).

Pozytywne skutki integracji	Negatywne skutki integracji
- – ... - –	- – ... - – ... .

Nr 5.3 Wykorzystując dane z oficjalnych statystyk, należy przeanalizować poziom integracji gospodarczej w SIC:

- poziom handlu wewnątrzregionalnego;
- stopień otwartości gospodarek państw członkowskich na rynku wewnątrzregionalnym.

5.4 Na podstawie danych pochodzących z oficjalnych statystyk analizuje się poziom integracji gospodarczej EWEA:

- poziom handlu wewnątrzregionalnego;
- stopień otwartości gospodarek państw członkowskich na rynku wewnątrzregionalnym.

TEMAT 6 Globalizacja gospodarcza

Cel: podsumowanie i usystematyzowanie wiedzy na temat procesu globalizacji systemu światowego.
*Cel: **Rozwinięcie*** zrozumienia sprzeczności związanych z globalizacją i wyzwań, jakie stawia przed nami proces globalizacji.

Test kontrolny

1. Nazywa się to obiektywnym procesem angażowania podmiotów gospodarczych na rynku międzynarodowym:

a) globalizacja gospodarcza

b) umiędzynarodowienie

c) poprzez integrację

d) wszystkie odpowiedzi są prawidłowe

e) brak prawidłowych odpowiedzi

2. Nazywa się to obiektywnym procesem angażowania podmiotów gospodarczych na rynku światowym, opartym na stworzeniu jednolitego systemu gospodarczego:

a) globalizacja gospodarcza

b) umiędzynarodowienie

c) poprzez integrację

d) wszystkie odpowiedzi są prawidłowe

3. Określenie, które działania nie są związane z globalizacją:

a) korzystanie z Internetu

b) pobieranie opłaty za kurs

c) działalność zagraniczna

d) zakup towarów importowanych

4. Które z tych procesów nie są związane z globalizacją:

a) komunikacja transgraniczna odbywa się w czasie rzeczywistym

b) rozwój rynków finansowych (waluta, kredyt, akcje) obsługuje międzynarodowe przepływy kapitałowe

c) efektywność działalności gospodarczej podmiotów rynkowych uwarunkowana jest zestawem klasycznych czynników produkcji: pracy, ziemi, kapitału

d) efektywność działalności gospodarczej podmiotów rynkowych uwarunkowana jest tworzeniem międzynarodowej infrastruktury wymiany towarowej

5. Białoruś jest uczestnikiem procesu globalizacji:

a) ale

b) nie

c) nie wiem

6. Stopień, w jakim dany kraj uczestniczy w procesie globalizacji jest określony:

a) kontyngent handlowy

b) udział importu/eksportu w obrotach detalicznych

c) udział importu/eksportu w PKB

d) udział pracowników zagranicznych w całkowitym zatrudnieniu

e) udział imigrantów w ogólnej liczbie ludności

f) stosunek importu do eksportu inwestycji do PKB

g) udział importu/eksportu technologii i usług zarządzania w populacji ogółem

h) udział importu / eksportu patentów i licencji w łącznej liczbie

7. Które z wymienionych poniżej zagadnień nie mają charakteru globalnego:

a) Zapobieganie katastrofom jądrowym

b) Operacja ONZ

c) walka z głodem, ubóstwem, chorobami

d) badanie oceanów i przestrzeni kosmicznej

e) rozwój człowieka

f) harmonizacja stosunków północ-południe i zachód-wschód

g) funkcjonowanie światowego systemu finansowego (waluta, kredyt, zapasy)

8. Które z poniższych aspektów są pozytywnymi aspektami globalizacji:

a) efektywny przydział zasobów

b) wsparcie rozwoju technologii

c) regionalny charakter kryzysów gospodarczych

d) nadzorowanie gospodarek większości krajów

e) mobilizacja środków finansowych

f) stymulowanie rozwoju działalności naukowej i innowacyjnej.

Do dyskusji

1. Aby udowodnić prawidłowość procesu globalizacji.
2. Uzasadnić powiązanie głównych kierunków procesu globalizacji.
3. Odkryj treść problemów globalnych, ich wpływ na gospodarkę Republiki Białorusi.
4. Komentarz do zdania: "Globalizacja w nowoczesnych warunkach prowadzi do narastania nierównowagi w gospodarce międzynarodowej".
5. Opisać dwoistość i sprzeczności procesu globalizacji.

Zadania

№ 6.1. Identyfikacja pozytywnych i negatywnych aspektów procesu globalizacji. Podajcie przykłady pozytywnego i negatywnego wpływu procesów globalizacji na gospodarki narodowe (odzwierciedlcie swoją odpowiedź w tabeli).

Pozytywne skutki globalizacji		Negatywne skutki globalizacji	
Aspekt	Przykłady .	Aspekt	Przykłady .
- – … - – … ……	- – … - – … ……	- – … - – … ……	- – … - – … ……

№ 6.2. Wykorzystując dane z oficjalnych statystyk, przeanalizujcie stopień zaangażowania białoruskiej gospodarki w procesy globalizacyjne według głównych wskaźników (odpowiedź na to pytanie znajduje się w tabeli).

Wskaźniki	Obliczenia ekonomiczne	Wnioski
- – …	- – …	- – …

KWESTIE KONTROLNE

1. Istota, przedmioty i przedmioty gospodarki międzynarodowej.
2. Struktura i infrastruktura gospodarki międzynarodowej.
3. Klasyfikacja krajów w gospodarce międzynarodowej.
4. Ewolucja i trendy w gospodarce międzynarodowej.
5. Otwarta gospodarka: istota, wskaźniki, czynniki, które wpływają na stopień otwartości.
6. Konkurencja jako podstawa międzynarodowego rozwoju gospodarczego.
7. Międzynarodowy podział pracy (MRI) i czynników produkcji: istota i znaczenie.
8. Formy międzynarodowego podziału pracy.
9. Międzynarodowa Migracja Kapitałowa (IMC). Cechy charakterystyczne pożyczek i korporacyjnych form migracji kapitału (BIZ i FDI).
10. Absolutne i względne wskaźniki zaangażowania kraju w międzynarodową migrację kapitałową (IMC).
11. Międzynarodowa migracja zarobkowa: istota, przyczyny, klasyfikacja. Polityka migracyjna państwa.
12. Rynek międzynarodowy i handel międzynarodowy, ich wpływ na rozwój gospodarki narodowej.
13. Główne formy handlu międzynarodowego.
14. Główne cechy charakterystyczne międzynarodowego handlu towarami.
15. Międzynarodowy handel usługami.
16. Międzynarodowy Rynek Pracy i Własności Intelektualnej (MOP).
17. Międzynarodowy rynek kredytowy.
18. Międzynarodowy rynek papierów wartościowych, jego tendencje rozwojowe.
19. Rynek walutowy. Rozwój globalnego systemu walutowego.
20. Bilans płatniczy: istota, struktura.
21. Polityka handlu zagranicznego: istota, rodzaje, metody regulacji.
22. Główne międzynarodowe organizacje handlowe i gospodarcze, ich funkcje.
23. Firmy międzynarodowe jako stowarzyszenia podmiotów gospodarczych.
24. Specyfika działalności TNK, ISC i ISA.
25. Międzynarodowa integracja gospodarcza: istota, warunki wstępne i tendencje rozwojowe.
26. Etapy (formy) międzynarodowej integracji gospodarczej.
27. Charakterystyka głównych międzynarodowych stowarzyszeń integracyjnych.
28. Białoruś w warunkach stowarzyszeń integracyjnych.
29. Globalizacja międzynarodowego życia gospodarczego: istota, trendy.
30. Wyzwania związane z globalizacją.

WYKAZ GŁÓWNYCH ŹRÓDEŁ

1. Traktat o Euroazjatyckiej Unii Gospodarczej: Prawo Republiki Białorusi z dnia 9 października 2014 roku, № 2/2191 // Krajowy Rejestr Aktów Prawnych Republiki Białorusi, 24.10.2014, 3/3050.

2. Konwencja ustanawiająca Światową Organizację Własności Intelektualnej // Dokumenty normatywne rzecznika patentowego T.1. // Międzynarodowe traktaty i umowy w dziedzinie ochrony własności przemysłowej. - UH, INNIPI, 1994. - – 65 c.

3. Międzynarodowa Standardowa Klasyfikacja Handlowa: Czwarta rewizja / Departament Spraw Gospodarczych i Społecznych: Wydział Statystyki. // Dokumenty statystyczne: ST/ESA/STAT/SER.M nr 34/Rev.4 - ONZ, 2008. - – 248 c.

4. Narodowa Strategia Zrównoważonego Rozwoju Społecznego i Gospodarczego Republiki Białorusi na okres do 2030 roku. // NIEI Biuletyn Ekonomiczny Ministerstwa Gospodarki Republiki Białorusi. - – 2015. - – № 4 (214).

5. O regulacji dewizowej i kontroli dewizowej: Ustawa Republiki Białorusi z dnia 22.07.2003 roku. Nr 226-3 (zmieniony i uzupełniony w dniu 29.06.2006 r. nr 137-3 // Krajowy rejestr aktów prawnych Republiki Białorusi 2006, nr 107, 2/1235.

6. O państwowej regulacji działalności w zakresie handlu zagranicznego: Ustawa Republiki Białorusi z dnia 25.11.2004 r. № 347-3 // Krajowy Rejestr Aktów Prawnych Republiki Białorusi, 2004, № 4, 2/11096.

7. O kolejności wyjazdu z Republiki Białoruś i wjazdu obywateli Republiki Białoruś do Republiki Białoruś: Ustawa Republiki Białoruś z dnia 20.09.2009 r. № 49-3 (z poprawkami i uzupełnieniami z dnia 25.11.2011 r.) № 322-3). // Krajowy Rejestr Aktów Prawnych Republiki Białorusi, 2011, № 134, 2/1874

8. O statusie prawnym obywateli cudzoziemskich i bezpaństwowców w Republice Białorusi: Ustawa nr 105-3 Republiki Białorusi z dnia 04.01.2010 r. (z poprawkami i uzupełnieniami od dnia 01.01.2014 r.). // Krajowy Rejestr Aktów Prawnych Republiki Białorusi z dnia 06.01.2010 nr 2/1657.

9. O ratyfikacji Traktatu o Ustanowieniu Państwa Związkowego Białoruś-Rosja: Prawo Republiki Białorusi z dnia 24.12.1999 r. // Krajowy Rejestr Aktów Prawnych Republiki Białorusi, 1999, nr 343-3.

10. O ratyfikacji Traktatu o Euroazjatyckiej Unii Gospodarczej z dnia 29.05.2014 r. (wydanie z dnia 08.05.2015 r.: Ustawa Republiki Białorusi z dnia 09.10.2014 r. // Krajowy Rejestr Aktów Prawnych Republiki Białorusi, 2014, 2/ 2191.

11. O ratyfikacji Umowy o działalności pokojowej Organizacji Układu o Bezpieczeństwie Zbiorowym: Prawo Republiki Białorusi z dnia 23.06.2008 r. // Krajowy Rejestr Aktów Prawnych Republiki Białorusi, 2008, nr 350-3.

12. Podręcznik Bilansu Płatniczego i Międzynarodowej Pozycji Inwestycyjnej. - Waszyngton, D.C.: MFW, 2012. - – 463 c.
13. Umowa o utworzeniu Wspólnoty Niepodległych Państw / Rady Głównych Państw Wspólnoty Niepodległych Państw z dnia 08.12.1991 r., Mińsk. // Ujednolicony rejestr dokumentów prawnych i innych dokumentów CIS, 1991, nr 00001.
14. Porozumienie w sprawie Handlowych Aspektów Praw Własności Intelektualnej (Agreement on Trade-Related Aspects of Intellectual Property Rights). - Genewa: GATT, 1994. - – 164 p.
15. Układ ogólny w sprawie handlu usługami. - Genewa: GATT, 1994. - – 180 p.
16. Global Governance and Global Rules for Development in the Post-2015 Era / Committee for Development Policy / Policy Note United Nations, czerwiec 2014. - Copyright @ United Nations, 2014. - – 82 p.
17. Strategia Rozwoju Narodów Zjednoczonych na okres po 2015 r. / Komitet Polityki Rozwojowej. - Copyright @ United Nations, 2012. - – 68 p.
18. Wielki Słownik Encyklopedyczny: Filozofia, Socjologia, Religia, Ezoteryka, Ekonomia Polityczna / Edycja i Skład. S.Y. Solodovnikov. - Mińsk: MFPCC, 2002. - 1008 s., s. 314
19. Gavrilenko, V.G. Economics. Słownik encyklopedyczny. /V.G. Gavrilenko. - Mińsk: Prawo i ekonomia, 2009. - – 716 c.
20. Alekhnovich, A.V. Działalność zagranicznego przedsiębiorstwa gospodarczego: podręcznik praktyczny / A.V. Alekhnovich. - Mińsk: Dikta, 2009. - – 128 c.
21. Burov, A.S. Warunki światowych rynków towarów i usług: podręcznik szkoleniowy dla uniwersytetów (w języku rosyjskim) / A.S. Burov. - Moskwa: Egzamin, 2005. - – 160 c.
22. Zubko, N.M. International Economics: odpowiedzi na pytania byłych. Pytania /N.M. Zubko, A.N. Callaur. - Mińsk: Tetralit, 2013. - – 160 c.
23. Krugman, P.R., Obstfeld, M. International Economics. Teoria i polityka. /P.R. Krugman, M. Ostfeld. 5. wydanie - Spb.: Peter, 2003. - – 831 c.
24. Matyushevskaya, W.K. International Economics: textbook / W.K. Matyushevskaya [et al.]; pod wydaniem W.K. Matyushevskaya. - Mińsk: Private Innovation and Prepr., 2011. - – 99 c.
25. Mertvischev, O.D. International economics: workshop / O.D. Mertvischev, L.O. Popova. - Mińsk: Private Innovation and Prepr, 2009. - – 32 c.
26. Michniewicz, S.I. 115 pytań dotyczących wielostronnego systemu handlu GATT/WTO / S.I. Michniewicz. - Mińsk: Belsance, 2009. - – 71 c.
27. Porter, M. Siły konkurencyjne i tworzenie strategii. /M. Porter. /Klasyczny marketing. /Kompozycja. BM Enis, C.T. Cox, M.P. Mokva. - Petersburg: Peter, 2001. - – C. 360-366.

28. Prokofieva, N.G. Ekonomika zagraniczna: kurs wykładowy / N.G. Prokofieva. - Mińsk, Acad. do prezydenta Republiki Białorusi, 2009. - – 113 c.
29. Ricardo, D. Początek gospodarki politycznej i podatków. /D. Ricardo. - M.: Gospolitizdat, 1955. - – 360 c.
30. Rogov, S. Rosja w systemie globalnej gospodarki. /S. Rogov.// Problemy z teorią i praktyką zarządzania. 2000. № 1. - – C.50-63.
31. Smith, A. Badania nad naturą i przyczynami bogactwa narodów. /A. Smith. - Moskwa: Exmo, 2007. - – 684 c.
32. Turban, G.V. World Trade Organization: interaction between state and business: manual / G.V. Turban. - Mińsk: Belprint, 2009. - – 144 c.
33. Cherchenko, N.V. International Economics. Warsztaty: tutorial / N.V. Czerczenko, A.N. Leonowicz, D.F. Rutko; pod redakcją generalną N.V. Czerczenko. - Mińsk: RIVSH, 2011. - – 108 c.
34. Human Development Report 2003: The Millennium Development Goals: Interstate Understanding to Free Mankind from Poverty / Ed. Fakuda-Parr. - Mińsk: Unipak, 2003. - – 368 c.
35. Rating Fortune Global 500 największych firm na świecie. / Humanitarian Encyclopedia // Humanitarian Technology Center, 2006-2016 (ostatnie wydanie: 17.10.2016). [Zasoby elektroniczne] - Mińsk, 2016. - Tryb dostępu: http://gtmarket.ru/ratings/fortune-500/info. - Data dostępu 20.10.2016.
36. Struktura gospodarki międzynarodowej. /Oficjalne statystyki. [Zasoby elektroniczne] - Mińsk, 2016. - Tryb dostępu: http://www.un.org/ru/databases/ - Data dostępu: 26.09.2016.

More Books!

yes

I want morebooks!

Buy your books fast and straightforward online - at one of world's fastest growing online book stores! Environmentally sound due to Print-on-Demand technologies.

Buy your books online at
www.morebooks.shop

Kaufen Sie Ihre Bücher schnell und unkompliziert online – auf einer der am schnellsten wachsenden Buchhandelsplattformen weltweit! Dank Print-On-Demand umwelt- und ressourcenschonend produzi ert.

Bücher schneller online kaufen
www.morebooks.shop

KS OmniScriptum Publishing
Brivibas gatve 197
LV-1039 Riga, Latvia
Telefax: +371 686 204 55

info@omniscriptum.com
www.omniscriptum.com

OMNIScriptum

MIX
Papier | Fördert gute Waldnutzung
FSC® C083411

Kolibri 360 GmbH
Ferdinand-Jühlke-Straße 7
99095 Erfurt, Deutschland
produktsicherheit@kolibri360.de

Druck:
CPI Druckdienstleistungen GmbH
im Auftrag der
Kolibri 360 GmbH
Ferdinand-Jühlke-Str. 7
99095 Erfurt